**Architektur und Städtebau in Wiesbaden
nach 1945**

Ein Architekturführer

Architektur und Städtebau in Wiesbaden nach 1945

Ein Architekturführer

Fotografien
von Matthias Langer

Texte von
Thomas Dilger
Paulgerd Jesberg
Jutta Kießler
Ulrich Kießler
Stefan Metz

Redaktionelle Gesamtleitung:
Stefan Metz

Herausgegeben von
Thomas Dilger
Stadtentwicklungsdezernat der
Landeshauptstadt Wiesbaden

Edition Braus

Grußwort

Die Schönheit Wiesbadens beruht in der Harmonie von Stadtbild und Landschaft und dem erstaunlichen Reichtum der Architektur in unserer Stadt. Das Stadtbild wird aber nicht nur geprägt von den hervorragend erhaltenen Gebäuden des 19. Jahrhunderts, sondern auch von der architektonischen Vielfalt der Bauten nach dem 2. Weltkrieg.

Mit der Herausgabe des Buches „Architektur und Städtebau in Wiesbaden nach 1945" soll auf die jüngere baugeschichtliche Entwicklung unserer Stadt aufmerksam gemacht werden. Fotos dokumentieren die Bauwerke und Zeitzeugen, die für die Stadtentwicklung Verantwortung trugen, klären über Hintergründe der städtebaulichen Entwicklung auf.

Auch wenn wir heute einiges anders planen und bauen würden, so ist die realistische Architektur doch Ausdruck ihrer Zeit und damit Dokument der jüngsten Baugeschichte.

Achim Exner
Oberbürgermeister

Architektur und Städtebau in Wiesbaden nach 1945

Ein Architekturführer

Vorwort Stadtentwicklungsdezernent Thomas Dilger	6
Einführung Stefan Metz	9
10 x Wiesbadener Nachkriegsarchitektur – ein Foto-Essay	10
Stadtentwicklung von Wiesbaden bis 1945 – Ein Wachsen in Ringen Paulgerd Jesberg	20
Die fünfziger Jahre – „Stunde Null" und Wiederaufbau nach 1945 Stefan Metz	28
Die sechziger Jahre – Wachstum und Visionen Paulgerd Jesberg	58
Die siebziger Jahre – Besinnung auf die Innenstadt Gerd Nowaczek und Stefan Metz im Gespräch mit Jörg Jordan, Stadtentwicklungsdezernent a.D.	92
Die achtziger Jahre – Wieder Wachstum und Wohnungsbau Stefan Metz im Gespräch mit Dietmar Thiels, Stadtentwicklungsdezernent a.D.	118
Die neunziger Jahre – Wiesbaden in der Metropol-Region Rhein-Main Thomas Dilger	144
Abbildungsverzeichnis	190

Vorwort

Thomas Dilger

Architektur ist eine öffentliche Angelegenheit! Jeder weiß das und dennoch kann es nicht schaden, Architekten wie Bauherren immer wieder an ihre gemeinsame Verantwortung zu erinnern, denn die Qualität eines Gebäudes ist abhängig vom Zusammenspiel zwischen einem guten Architekten und einem aufgeschlossenen, mutigen Bauherrn.
Auch wenn nur wenige Gebäude die Bezeichnung „Baukunst" verdienen, gibt es doch in jeder Zeit eine beachtliche Anzahl von Beispielen für Häuser, die den Erkenntnissen ihrer Zeit entsprechend gut gebaut sind und im richtigen städtebaulichen Kontext stehen. Die Frage allerdings, was gute Architektur ist, läßt sich kurz und knapp nicht beantworten. Es ist auf keinen Fall eine Geschmacksfrage! Auf einige Merkmale guter Architektur möchte ich allerdings hinweisen:

Ein gelungenes Werk ist ein echtes Werk. Es muß gebrauchstüchtig und ansehnlich sein, ansehnlich mindestens für diejenigen, die dieserart Sehen gelernt haben. Es bekennt sich zu seiner Aufgabe zum Inhalt, zum Bauherrn und zu seiner Zeit. So kann es passieren. daß wir unter guter Architektur ein schlichtes Gebäude verstehen, das wie selbstverständlich an seinem Ort steht. Gleichermaßen denkbar ist es, daß ein gelungenes Bauwerk völlig neue Wege geht, daß es provoziert. Provokation an sich ist ganz bestimmt kein Maßstab für Qualität; Braves, Langweiliges erst recht nicht. Aber Mut zum Ungewöhnlichen birgt immerhin die Chance, Qualität zu ernten, das Ungewohnte, Provozierende, stellt zumindest einen Beitrag dar, der die Diskussion um den richtigen baulichen Ansatz befruchtet. Seit Jahrtausenden haben schöpferische, innovative Architekten mit neuen Ideen die Welt bereichert. Sie sind das Risiko eingegangen, verspottet zu werden oder keine Aufträge mehr zu bekommen. Auch in der Zeit von 1945 bis 1995 gibt es Beispiele für eine solche Haltung. Aber nicht die wenigen „Helden" bestimmen das Bild unserer Städte. Für das vorliegende Buch haben die Autoren nach gelungener und brauchbarer Architektur oder nach Gebäuden, die besonders typisch für ihre Zeit sind, gesucht. Es ist eine Binsenweisheit, daß Architektur ihre Zeit widerspiegelt und daß Bauherren wie auch Architekten auf gesellschaftliche Veränderungen mit ihren Werken reagieren. In ganz seltenen Fällen sind Architekten und Stadtplaner Mitverursacher von gesellschaftlichen Vorgängen. Wiesbaden ist voll von Beispielen für Kehrtwendungen der Architekten wie der Gesellschaft, die man übrigens mit größerem Abstand gar nicht mehr so deutlich wahrnimmt. Das heute so geschlossen wirkende Stadtbild Wiesbadens aus dem 19. Jahrhundert darf nicht darüber hinwegtäuschen, daß es vor 100 Jahren eine mindestens genauso große Zahl verschiedener Baustile gab wie heute, die damals häufig genug als provokativ empfunden wurden. Die Marktkirche ist das beste Beispiel dafür.

Es dürfte niemanden verwundern, daß in einer Stadt, in der ganze Viertel intakten 19. Jahrhunderts anzutreffen sind, andere, spätere Ergänzungen weniger wahrgenommen werden. Mit dem vorliegenden Buch haben die Verfasser den bescheidenen Versuch unternommen, die Zeit von 1945 bis 1995 im Hinblick auf ihre gebauten Produkte etwas aufzuarbeiten. Es ist nicht der Versuch einer wissenschaftlichen Aufarbeitung, sondern eine sehr subjektive Betrachtung der herausragenden oder auch nur der für ihre Zeit typischen Gebäude. 50 Jahre Architektur in einer Stadt in der Bundesrepublik Deutschland zeigt auch sämtliche Brüche. So wie die Architektur des Historismus lange bis zum Ende der sechziger Jahre verkannt wurde und ganze Stadtviertel nach Ernst Mays Planungen zum Abriß freigegeben wurden, mit der Begründung, daß der unschöpferische nachahmende Historismus keinen baulichen Wert darstelle, so wurden auch spätere Phasen der Architektur konsequent mißinterpretiert. Nach dem Wiederaufbau führte die allzu oft mißlungene Vervielfältigung des internationalen Stils, der Modernitätswahn im Wirtschaftswunderland und bis dahin nicht gekannte Renditeerwartungen zur brutalsten Erscheinungsform der sog. „Modernen Architektur" in den sechziger und siebziger Jahren, die den Charakter ganzer Städte zu zerstören drohte. In der Bundesrepublik (alt) wurde durch Stadtsanierungen in den sechziger und siebziger Jahren mehr an Altbausubstanz vernichtet, als der Krieg vermocht hatte. Architekten, Bauherren, Politiker und Stadt- und Verkehrsplaner waren Täter. Die gesellschaftlichen Leitbilder förderten solcherart Tatendrang und das stimmt nachdenklich, daß nicht die Architekten, die Ästheten, sondern Alexander Mitscherlich zuerst öffentlich die Stadtzerstörung anprangerte.

Nachdem glücklicherweise noch rechtzeitig die Wiesbadener selbst die Pläne des greisen Ernst May vereitelt hatten, gewann etwa ab 1970 der Historismus zunehmend an Wertschätzung. Auch in anderen Städten vollzogen sich ähnliche Entwicklungen. „Moderne Architektur" hatte überall infolge der Gigantomanie der sechziger, siebziger Jahre verspielt. Das ganze Land wurde überzogen von einer Welle der Rückbesinnung auf das Bewährte, Alte. Die siebziger Jahre bis in den Anfang der Achtziger hinein sind schon jetzt in die Baugeschichte eingegangen als die Zeit, in der in ganz Deutschland alte Häuser neu gebaut wurden (Römerbergbebauung Frankfurt/Leibniz-Haus Hannover/Knochenhauer-Amtshaus Hildesheim). Das ehemals exzellente Image des Architektenberufes hatte stark gelitten. Die meisten Architekten wagten sich nur sehr vorsichtig mit Anpassungsarchitektur in die Öffentlichkeit. Beispiele für diese Bauphase finden sich in Wiesbaden en masse. Mit der Postmoderne schließlich war dann ein intellektueller Ansatz gefunden, der den Umgang mit dem Alten mit neuen Mitteln und pfiffigen Zitaten spielerisch zu lösen versuchte. Wirklich gut, originell ist das Wenigste aus der Zeit. Die Revision der Moderne fand weitgehend nur als vordergründiges, modisches Geplapper statt. So wichtig und fruchtbar die Auseinandersetzung mit Architekturformen war, so schlimm wurde auch hier wieder die Vervielfältigung. Noch heute gehören Verballhornungen, falsche Zitate, zum unausrottbaren Repertoire vieler Bauträgergesellschaften. Eine eigenständige, ihrer eigenen Zeit verpflichtete Architektur, die aber den städtischen Maßstab respektiert, die aus den Fehlern gelernt hat, gewann nur mühsam wieder an Boden. Das verspielte Vertrauen in Architekten und Stadtplaner ist auch heute noch nicht zurückgewonnen und so wurde 25 Jahre nach Rettung der City Ost vor den Abrißplänen dieses fruchtbare damalige bürgerschaftliche Engagement als Parallele bemüht, um eine Neugestaltung auf einer 100 Jahre lang ergebnislos geplanten Innenstadt-Ödnis (dem Dernschen Gelände) zu verhindern. Damals der Abriß ganzer Stadtviertel, heute der Neubau eines Hauses, die Gestaltung eines Platzes auf einer häßlichen Fläche über einer Tiefgarage. Das Horrorszenario hatte Erfolg. Das Projekt wurde verhindert. Die Angst vor dem Ungewohnten, aber auch der Wunsch, der Politik einmal zu zeigen, wer Herr im Hause ist, schrieben Stadtbaugeschichte.

Auch wenn das privateste Gebäude eine öffentliche Affäre darstellt, ist daraus nicht der Schluß zu ziehen, daß die Öffentlichkeit über Art und Gestalt eines Bauwerkes entscheiden muß. Das kommt jenen zu, die auch Verantwortung übernehmen, den Bauherren, den Architekten, den politischen Verantwortlichen, Beiräten, Kommissionen, denen, die für ihre Entscheidung gerade stehen müssen, die sich der Kritik stellen. Innovative Ansätze in der Architektur waren seit jeher umstritten. Geharnischte Kritik an Architektur ist insofern weder schlimm noch neu. Neu ist lediglich das Instrumentarium (Bürgerentscheid), mit dem die Projekte öffentlicher Bauherren verhindert werden können. Die Entwicklung verlangt den politisch Verantwortlichen in Zukunft noch mehr Mut ab für ihre Entscheidungen zugunsten guter, wegweisender Architektur.

Glücklicherweise entstanden zu der gleichen Zeit, in der das Projekt auf dem Dernschen Gelände abgewählt wurde, an weniger prominenter Stelle hervorragende Beispiele für selbstbewußte und sensible Architektur und menschenwürdigen Städtebau.

Der bebilderte Geschwindmarsch durch fünf Jahrzehnte Architektur in Wiesbaden wurde erarbeitet von Stefan Metz in Verbindung mit Jutta Kießler und Ulrich Kießler, die auch für die Bildunterschriften unter den Fotos von Matthias Langer verantwortlich zeichnen. Die bebilderte Übersicht über 50 Jahre Bauen in Wiesbaden wird kommentiert durch Zeitzeugen, die das Auf und Ab der Stadtentwicklung aus ihrer Sicht beleuchten. In Beiträgen von Paulgerd Jesberg, Stefan Metz und mir und in Gesprächen von Gerd Nowaczek und Stefan Metz mit Jörg Jordan und Dietmar Thiels klingt das Auf und Ab der Stadtentwicklung mit Phasen des Wachstums, des Wiederaufbaues, der Zukunftsvisionen wie auch der Besinnung auf die Innenstadt an bishin zur nachhaltigen Stadtentwicklung und der Stadterweiterung nach innen.

Ich hoffe, daß dieser Anfang zur Aufarbeitung der Architektur der letzten 50 Jahre Anstoß für weitere Auseinandersetzungen mit dem Thema ist. Die Subjektivität der Betrachtungen aller Autoren möge dazu Anreiz sein. Allen Mitwirkenden und all denen, die durch ihr finanzielles Engagement die Herausgabe des Buches erst möglich gemacht haben, danke ich herzlich. Ich wünsche dem Buch eine große Verbreitung, nicht zuletzt auch deshalb, weil durch die städtischen Erlöse an dem Werk die Förderung junger Architektur- und Städtebaustudenten der Fachhochschule Wiesbaden ermöglicht wird.

Danksagung

Ohne die finanzielle Unterstützung der folgenden Unternehmen wäre die Publikation des Buches nicht möglich gewesen:

Dyckerhoff und Widmann AG, Niederlassung Wiesbaden

R+V Allgemeine Versicherung AG, Wiesbaden

Domarus Projektentwicklungs GmbH, Wiesbaden

Dietmar Bücher Schlüsselfertiges Bauen, Idstein

Zusatzversorgungskasse des Baugewerbes VVaG, Wiesbaden

Dr. Jürgen Fricker, München

DePfa-Bank, Wiesbaden

Taunus Bauträger, Wiesbaden

Außerdem sprechen wir unseren herzlichen Dank aus für folgenden Personen und Institutionen, die zum Entstehen beigetragen haben:

Sandra Gress
Hedda Jäger
Jörg Jordan
Gerd Nowaczek
Dietmar Thiels
Wolfgang Walter
Heike Zimmermann

Luftbildstelle des Vermessungsamtes

Luftbildstelle der Wiesbadener Polizei

Archiv der Bauaufsicht Wiesbaden

Staatsbauamt Wiesbaden

Archiv des Wiesbadener Kuriers

Einführung

Stefan Metz

Wiesbaden: Stadt des Historismus, Stadt des neunzehnten Jahrhunderts, voll von prachtvollen Alleen und mondänen Villen. Dies ist der Eindruck, der sich dem unbefangenen Besucher zunächst aufdrängt. Auch die vorliegende Literatur zum Themenkreis Architektur und Städtebau befaßt sich vorwiegend mit der Zeit bis etwa 1920.

Dennoch: die Zeit ist in der hessischen Landeshauptstadt nicht stehengeblieben. Wiesbaden hat hervorragende Architekturzeugnisse auch aus den letzten Jahrzehnten vorzuweisen. Allerdings erschließen sich diese erst auf den zweiten Blick, da sie im gesamten Stadtgebiet verstreut sind.

Anders als in anderen Großstädten wie Hamburg, Frankfurt oder Hannover war Wiesbaden vom Bombenkrieg nahezu unversehrt geblieben; die vielen Fotos, auf denen Kriegsschutt und Trümmerbahnen zu sehen sind, spiegeln schlaglichtartig einzelne Beschädigungen des Stadtkörpers wider. Entgegen vielen Behauptungen war nachweislich z.B. auch Berlin nicht „völlig zerstört"; eine Aussage über viele Großstädte im Nachkriegsdeutschland, die der damaligen Architektenschaft dennoch als Legitimation für träumerisch-visionäre „Neuaufbau"-Planungen ausreichte. Fast wären solche Pläne Wiesbaden in den sechziger Jahren zum Verhängnis geworden. Indes: Weder die Bomben des Krieges noch die viel gravierenderen Abriß-Planungen von Ernst May haben der baulichen Substanz Wiesbadens im Kern antasten können. Und so präsentiert sich die Stadt heute noch immer im Glanz früherer Epochen und vermittelt sich im Zentrumsbereich mit vielen zusammenhängend erhaltenen Vierteln als Stadt des letzten Jahrhunderts. Bei genauerer Betrachtung finden sich in Baulücken und in der Peripherie allerdings beachtenswerte Bauten aus der gesamten Nachkriegszeit, die davon zeugen, daß moderne Architektur in Wiesbaden durchaus existiert und ihre Qualitäten hat.

Der vorliegende Architekturführer entstand vor dem Hintergrund der täglichen Praxis im Stadtplanungsamt und in der Beurteilung von Bauanträgen. Hier stellte sich in den letzten Jahren zunehmend die Frage, in welcher Art und Weise man den Umbau oder die Modernisierung von Gebäuden der fünfziger Jahre zulassen dürfe, und welche denkmalpflegerischen Gesichtspunkte ggf. zu beachten wären. Die Gestaltqualität der Bauten aus dieser Zeit werden bis heute aus verschiedenen Gründen unterschätzt oder zu wenig beachtet. Da wurde manchmal bis zur Unkenntlichkeit isolierverglast und wärmegedämmt und aufgestockt; Bespiele hierfür sind das Bundesamt für Statistik oder das Haus Zais in der Burgstraße. Aus dem Interesse an dem künftigen Umgang mit Bauten der fünfziger Jahre heraus, aber auch vor dem Hintergrund der aufkeimenden Debatte um die generelle Denkmalwürdigkeit wurde begonnen, die gebauten Zeugnisse dieser Zeit zu erfassen und zu diskutieren.

Aus dieser Diskussion folgte die Einsicht, sich in einer Zusammenfassung der Erkenntnisse nicht nur auf diese Dekade zu beschränken: Der Schritt hin zur exemplarischen Dokumentation der gesamten Nachkriegsarchitektur bis zur Gegenwart lag nahe, da einerseits kein Architekturführer für Wiesbaden existiert, andererseits die Nachfrage vor allem von außereuropäischen Besuchern nach einem Buch zur „modern architecture" in der hessischen Landeshauptstadt groß ist.

Die vorliegende Auswahl der einzelnen Gebäude, Bauwerke und Siedlungen ist letztlich subjektiv und ohne Anspruch auf Vollständigkeit. Sie wurde von dem Gedanken geleitet, daß nicht jedes dokumentierte Gebäude nach dem heutigen Verständnis unbedingt „gute Architektur" sein muß. Vielmehr wurden auch zeitgenössische Bauwerke dokumentiert, die nur aus ihrer Entstehungszeit heraus verständlich sind und deren Qualitäten sich dem eiligen Betrachter nicht unbedingt auf den ersten Blick erschließen. Ein weiteres Auswahlkriterium war die stadträumliche Ausstrahlung einzelner Bauten, die per se vielleicht nicht zu den Architektur-Highlights zählen, die aber Merkpunkte in der Stadt sind, oder die ein Politikum waren wie z.B. das R+V-Hochhaus am Ende der Wilhelmstraße.

Jedes Dezennium wird somit exemplarisch dargestellt und eingerahmt von einführenden Texten oder Interviews, die den roten Faden der Stadtentwicklung nach 1945 aufzeigen.

Die hervorragenden Fotografien von Matthias Langer zeigen dabei mehr als der flüchtige Blick aus der Fußgängerperspektive. Altbekanntes wird neu ins Bild gerückt, die Beschränkung auf schwarz/weiß leiten von der Sinnenfülle farbiger Eindrücke aufs Wesentliche, das man manchmal nicht erkannte.

Das nachfolgende Foto-Essay vermittelt schlaglichtartig Impressionen zeitgenössischer Architektur aus jeder Nachkriegsdekade.

Die fünfziger Jahre

Bürogebäude

Heilig-Geist-Kirche

Die sechziger Jahre

Kaufhaus Karstadt

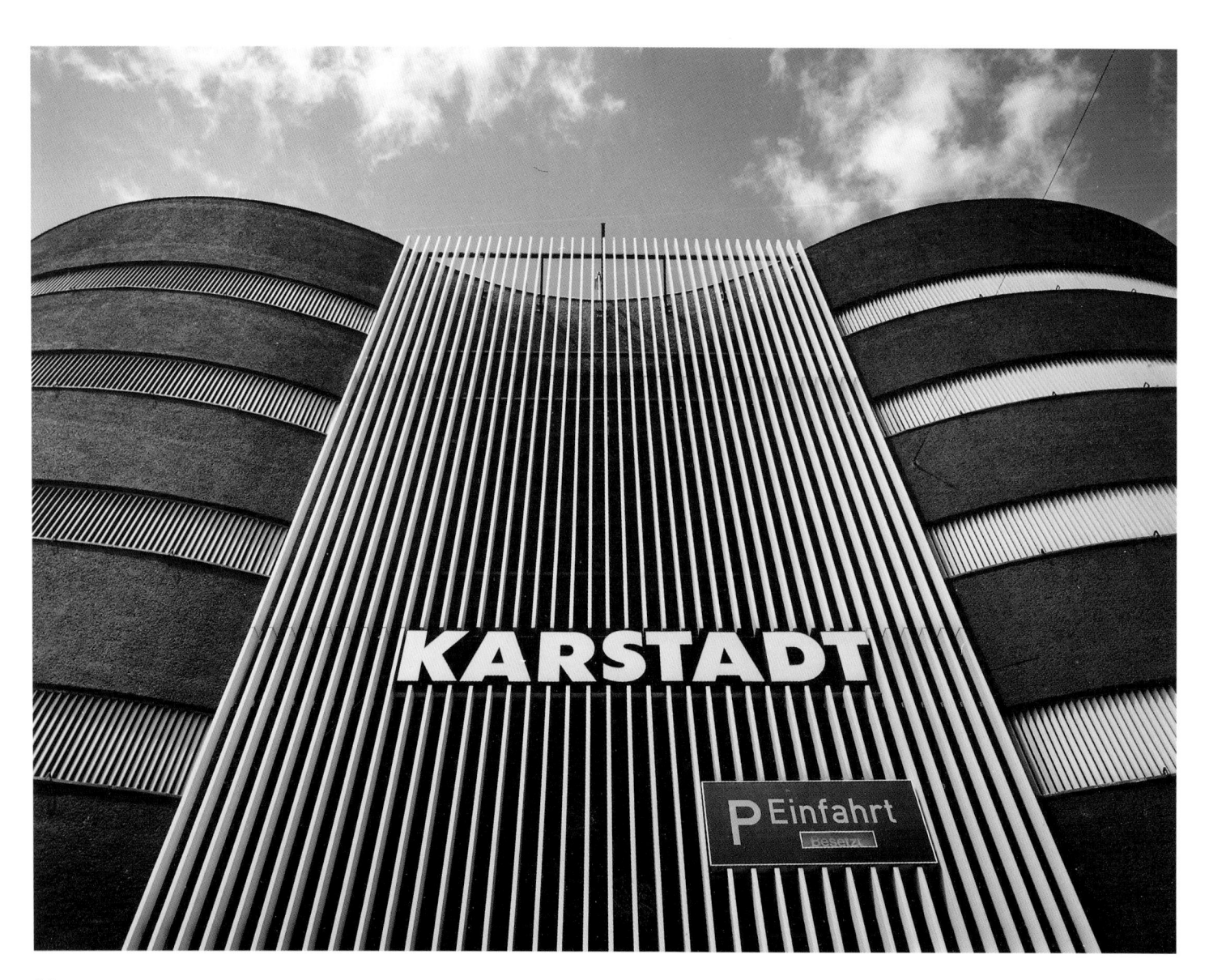

Matthäus-Kirche

Die siebziger Jahre

Anbau Staatstheater

Wohnhaus

15

Die achtziger Jahre

Sporthalle

Laborgebäude

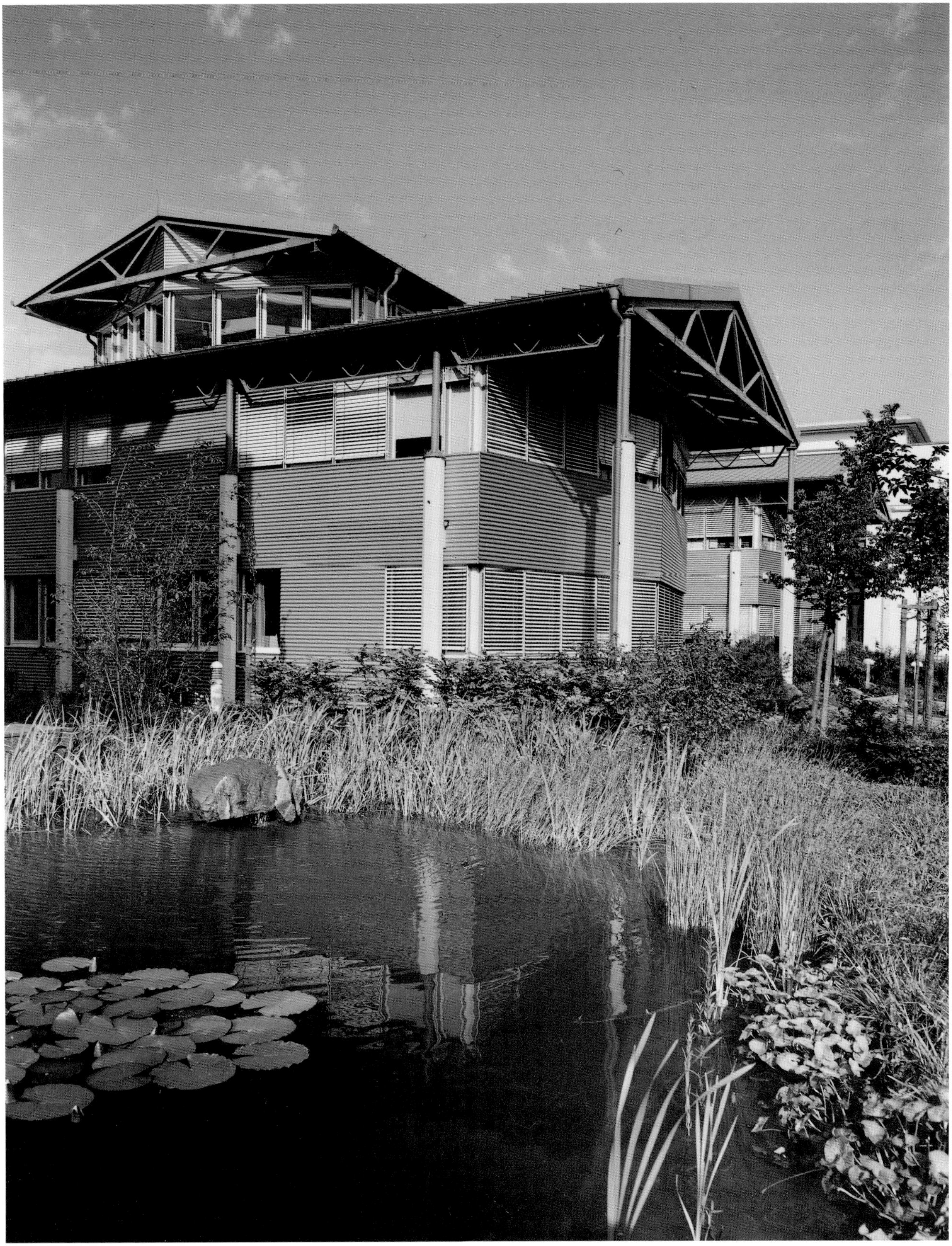

Die neunziger Jahre

R+V Bürogebäude

Delta-Haus

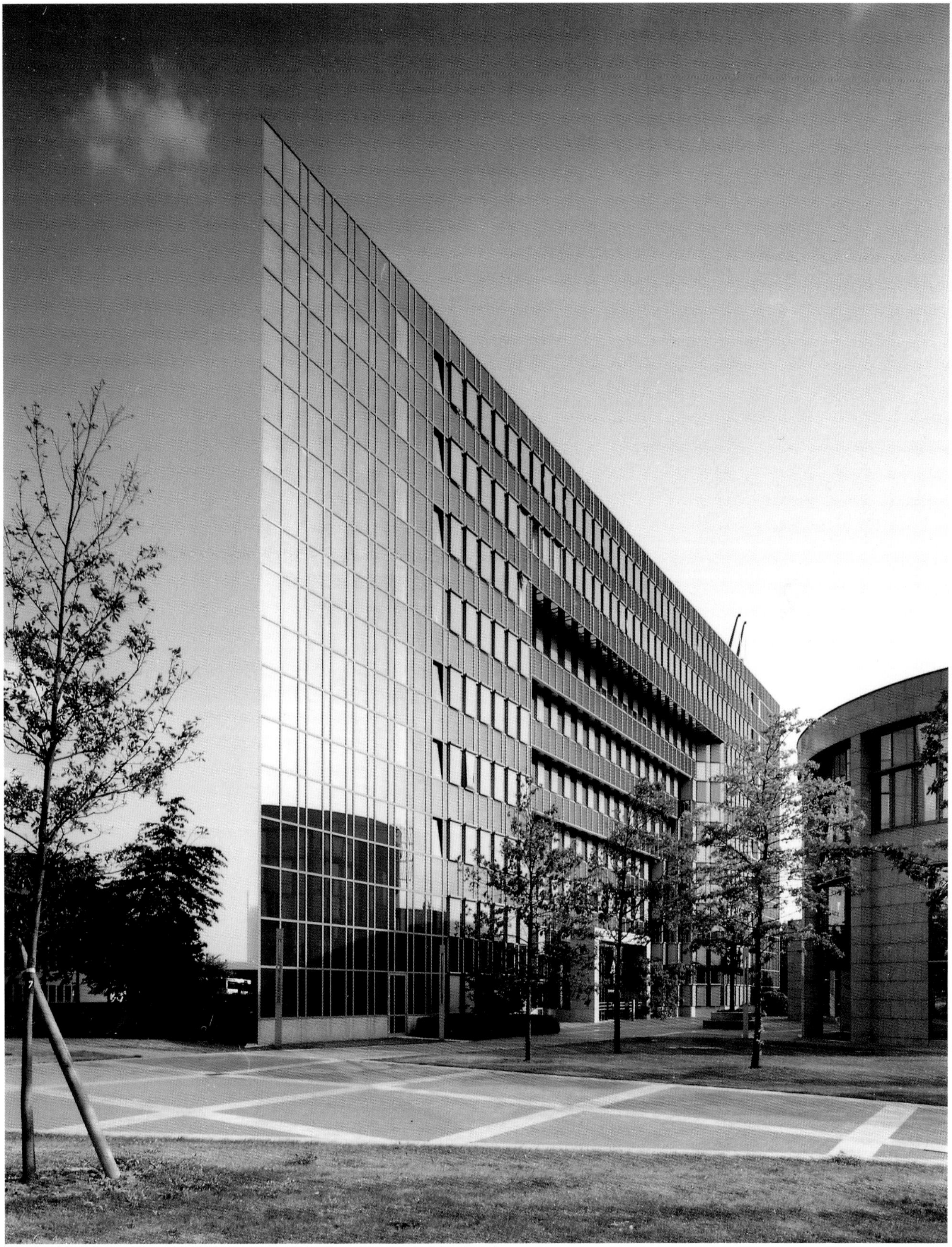

Stadtentwicklung von Wiesbaden bis 1945 – Ein Wachsen in Ringen

Paulgerd Jesberg
Dipl.-Ing.
Regierungsbaumeister,
Baudirektor a.D.

Aquae Matiacorum

Die Stadt ist ein lebendiger Organismus. Geboren aus einer lebensspendenden Idee, die Notwendigkeit, Zweckmäßigkeit und Nutzen mit den Lebenskräften eines Ortes verbindet, entwickelt sich aus einer einmaligen Situation Stadt nach den ihr eigenen genetischen Gesetzen. Stadt folgt immer der Aussonderung des Menschen aus der Natur und der Beherrschung von Natur. Der Kampf zwischen Kain, dem Städtegründer und Stadtmenschen, und Abel, dem Hirten und Naturmenschen, endet mit dem Sieg der Stadt über die Natur. Anders in Wiesbaden. Wiesbaden folgt weder strategischen, verkehrs- und handelswirtschaftlichen und politischen Notwendigkeiten, sondern gründet sich auf der Natur seiner heißen Quellen, lebt aus ihnen und versöhnt Stadt mit der Natur, in dem sie das Geschenk der Natur in die Stadt aufnimmt, um den Menschen Wohlergehen und Gesundheit zu bringen.

Die Stadt ist ein lebendiger Organismus. Umgekehrt wie ein Baum vom Inneren des Stamms her Jahresringe ausbildet, so legt die Stadt Ring um Ring lebendiger Entwicklungen um sich. Äste und Zweige dehnen sich aus und überdecken den Ort, das Land und verändern Natur und Leben. Wachstum braucht Zeit. Wiesbaden benötigte viele Jahrhunderte, um endlich im 19. Jahrhundert aus seiner landschaftlichen Lage und einmaligen Situation, aus dem Angebot der heißen Quellen heraus zu seiner eigenen städtischen und baulichen Entwicklung zu finden. In wachsenden Ringen dehnt sich schnell die Stadt aus. Um 1800 noch bescheidenes ländliches, nassauisch-usingisches Gemeinwesen mit unter 2.000 Einwohner wächst nach 1866 zur Weltkurstadt und ist gleichzeitig Großstadt, die 1905 über 100.000 Einwohner zählt und jährlich 200.000 Kurgästen Erholung und Gesundheit bietet.

Wenn auch die Heidenmauer, letzte Reste eines Kastells, das um 40 n. Chr unter Kaiser Caligula auf dem „Heidenberg" im oberen Bereich der heutigen Schwalbacher Straße erstand, an die römische Vergangenheit erinnern, liegt der Ursprungsort Wiesbaden außerhalb des Castells bei den heißen Quellen. Manch andere Funde geben Zeugnis von dem römischen Ort Aquae Matiacorum. Als zu Beginn des Mittelalters Einhard, der Biograph Karls des Großen, in einem Bericht aus dem Jahr 829 von einem Castrum Wisibada spricht, verweist das lediglich auf die Ursprünge des Ortes im Baden. Wenn auch Historiker wie Otto Renkhoff über eine wechselvolle Geschichte Wiesbadens im Mittelalter ausführlich berichtet haben, werden damit nur unter wechselnden herrschaftlichen Einflüssen vereinzelte Situationen deutlich, die keine kontinuierliche Entwicklung aufzeigen. Zwar wächst die Zahl der Badehäuser, doch sie bieten wenig Annehmlichkeiten und damit keine Anreize zum Kuraufenthalt Fremder. Die Wiesbadener Bürger blieben lieber unter sich.

Kern des Ortes war der Schloßkomplex mit Markt und Brunnen, die Marktstraße in der Nordsüdrichtung und der Flecken, den die Kirchgasse mit Mauritiuskirche und die Langgasse bis zur Goldgasse und Mühlgasse durchziehen. Daran schloß sich das „Sauerland" an, der Bereich der heißen Quellen, der Brunnen und der Badehäuser. Diese grundlegende Struktur des Ortes ist heute noch ablesbar und blieb lange die von Mauern umgebene Keimzelle allen späteren Wachstums.

Als Fürst Georg August Samuel mit einem herrschaftlichen Landhaus 1698 den Bau des Biebricher Schlosses einleitet und sein Interesse Wiesbaden zuwendet, beginnt eine neue und schrittweise Stadtentwicklung. Während seiner Herrschaft wuchs die Einwohnerzahl von 644 auf 1.326 um mehr als das Doppelte. Dem entsprach auch der die baulichen Veränderungen von Langgasse, Saalgasse, Michelsberg mit dem Stumpen Tor und die Schaffung von Neugasse mit Neuem Tor. Nach dem 1744 Fürst Carl von Nassau-Usingen seine Residenz nach Biebrich verlegte und Wiesbaden zwar nicht Residenzstadt, aber immerhin Regierungsstadt wurde, füllt sich das verkarstete Stadtgefüge mit neuem Leben, vom Glücksspiel begleitet, das 1770 in Wiesbaden Einlaß gefunden hatte.

1. Ring:
Klassizistische Stadtidee – um 1810

Als die beiden Fürstenlinien von Nassau-Usingen und Nassau-Weilburg aus politischer Klugheit sich vereinten und 1806 gemeinsam das Herzogtum Nassau aus der Verteilung des Napoleonischen Nachlasses während des Reichsdeputationshauptschlusses gewinnen konnten, begann für Wiesbaden der Aufbruch in eine neue Ära, die sich auf das Bauliche übertrug. 1803 hatte bereits Baudirektor Carl-Friedrich Goetz (1763–1829) die Bebauung am Mainzer Tor fertiggestellt, eine sparsame, aber liebevoll gestaltete, klassizistische Anlage, an die der heutige Schillerplatz nur schwerlich zu erinnern vermag. Gleichzeitig hatte er, nach der Schleifung der Befestigungen notwendig gewordene Fassung der Stadt im Osten und Süden, den Bau der späteren Wilhelmstraße und Friedrichstraße vorgeschlagen. 1817 gibt er der Friedrichstraße mit dem Bau der Infanteriekaserne auf Höhe der Schwalbacher Straße einen markanten Abschluß.

1805 kam Christian Zais (1771–1820) aus Cannstatt bei Stuttgart nach Wiesbaden. In der berühmten Hohen Karls-Schule in Stuttgart erzogen, beherrschte er den heroisch klassizistischen Stil seiner Zeit. Mit dem genialen Entwurf und glücklichen Bau des Kur- und Gesellschaftshauses außerhalb der Stadt im Gewand am Hinteren Wiesenbrunnen setzte er 1810 ein Zeichen zur Neugestaltung Wiesbadens und zum einseitigen Ausbau der Wilhelmstraße. Mit dem Bau des Erbprinzenpalais 1813, des späteren Museums, gab er dem Straßenzug hoheitliche Würde. Goethe, der 1814 und 1815 zur Kur in Wiesbaden weilte, wußte diese Entwicklung lebhaft zu rühmen. Mit dem Bau seines Hotels „Zu den Vierjahreszeiten" und Wohnhauses schuf er die Voraussetzungen zur Gestaltung des Platzes am Sonnenberger Tor, der im stadträumlichen Zusammenhang Kurhaus und Kolonnaden mit Bowling Green fassen sollten. Als Zais für seinen Hotelbau die Thermalquellen anzapfte, trug ihm das einen derartigen Zorn der Wiesbadener Badewirte ein, der ihn so nachhaltig verfolgte, daß er an einem Schlaganfall 1820 verstarb. Der Widerstand der Wiesbadener Bürger ist nachhaltig wirksam, nicht nur damals, auch später zu verfolgen. Die Fertigstellung des Theaters 1827 und der Bau des Hotels „Nassauer Hof" vollendeten ein klassizistisches städtebauliches Ensemble von international gültigem Rang.

Christian Zais hatte für die Stadtentwicklung von Wiesbaden eine geniale Konzeption hinterlassen. Er schloß den Ring um Wiesbaden mit Wilhelmstraße, Friedrichstraße, Schwalbacher Straße und Taunusstraße zum heute noch wirksamen „historischen Fünfeck" und fügte dem Fünfeck die Planung zukünftiger Erweiterungen mit Luisenstraße, Luisenplatz und Rheinstraße an. Der Luisenplatz, der sich zur späteren Adolfs Allee öffnen sollte, um den städtebaulichen und verkehrstechnischen Anschluß nach Biebrich herzustellen, trägt auch heute noch den klassizistischen Maßstab.

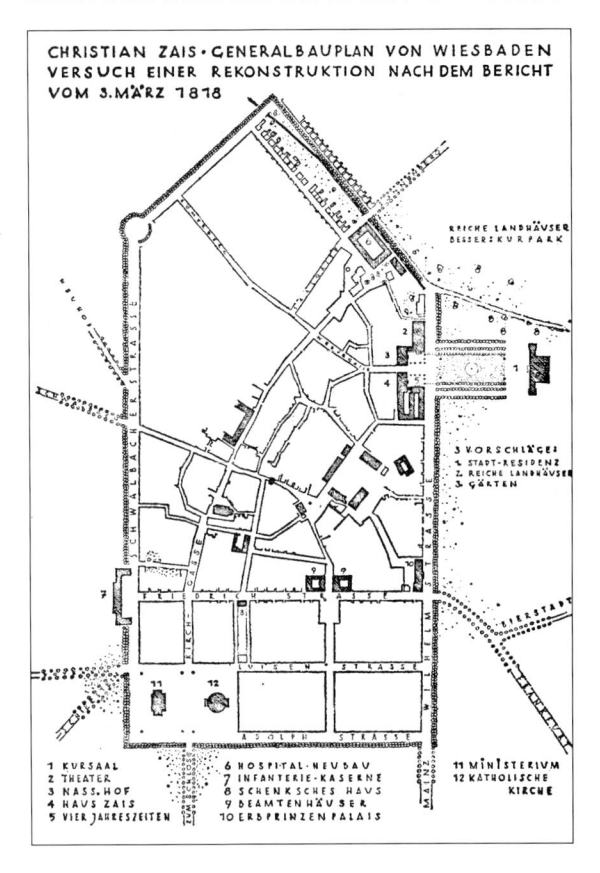

1831 schaffen der Bau des Pädagogikums, des heutigen Kultusministeriums, und der gegenüberliegenden Münze den städtebaulichen und gestalterischen Rahmen diese Platzes. Der Einsturz der katholischen Kirche aufgrund baulicher Mängel, eines Kubus mit innenliegender Rotunde an der Schmalseite des Platzes, geplant von Hofbaumeister Schrumpf, beendet diese erste voraussetzungslose, aber maßstabsetzende Epoche Wiesbadens: Ein klassizistischer Ring hatte den mittelalterlichen Stadtkern mit attraktiver Lebendigkeit und Offenheit umschlossen.

Stadtentwicklung von Wiesbaden bis 1945 – Ein Wachsen in Ringen

2. Ring:
Weiteres Wachstum – nach 1850

Sprunghafter Bevölkerungsanstieg und zunehmende Bauwilligkeit in Wiesbaden veranlaßt die Herzogliche Staatsregierung von Kreisbaumeister Philipp Hoffmann (1806–1889) ein städtebauliches Gutachten zur Stadterweiterung anzufordern. Hoffmann denkt als Architekt zuerst in der Gestaltung von Stadträumen und in zweiter Linie als Stadtplaner. Sein Anliegen ist die Verschönerung der Stadt. Die Gestaltung des Luisenplatzes mit Bau der Bonifatius-Kirche, Planungen zum Theaterneubau mit Pendant einer weiträumigen Bauanlage an der Sonnenberger Straße unterhalb des Paulinenschlößchens, Hangbebauung und Aufgang zur Schule am Michelsberg, der Bau der Synagoge am Michelsberg sind maßstabsetzende innerstädtische Markierungen. Hoffmanns städtebauliche Planung richten sich auf eine Erweiterung der Stadt nach Osten mit einer Villenbebauung und intensiven Durchgrünung, regelt die Führung der Mainzer Straße, schafft die Anschlüsse an Rheinstraße mit Bahnhofsanlagen. Das eigentliche Problem der Ausweitung der Wohnbebauung wird unzureichend gesehen.

Die Staatsregierung fordert deshalb 1852 Carl Boos (1806–1883), den zuständigen Baureferenten im Staatsministerium, zu einem weiteren Gutachten auf. Er entwickelt aus Kurstadt, Regierungsstadt und Gewerbestadt eine dreigegliederte Stadtstruktur und legt mit seinen Planungen für eine in orthogonalen Baublöcken aufgeteilte Südstadt die Richtung der weiteren Stadtentwicklung zum Rhein und nach Biebrich fest. Hof-Gartendirktor Carl Friedrich Telemann, Schöpfer der Anlagen am „Warmen Damm", des Kurparks und der Biebricher Gartenanlagen faßt beide Planungen 1862 zu einem viel beachteten „Generalplan der Stadt Wiesbaden und Umgebung" zusammen. Dieser weist im Westen, jenseits der Schwalbacher Straße ein neues Stadtgebiet in baulicher Mischung von Wohnen und gewerblicher Nutzung aus. Die Roederstraße erhält fingerförmige Abzweigungen für zukünftige Ausweitung. An der Platterstraße soll der neue Friedhof entstehen. Weitere Baugebiete werden im Nerotal und am Geisberg ausgewiesen. Dieser Plan ist das Vermächtnis der Stadtentwicklung in der Zeit des Herzogtums Nassau, das 1866 von Preußen zu einem Ende gezwungen wird.

Plan der Stadt Wiesbaden, Lithographie von Chr. Priester „Das historische Fünfeck" (Druck auf Leinen), 1831. Vermessungsamt Wiesbaden

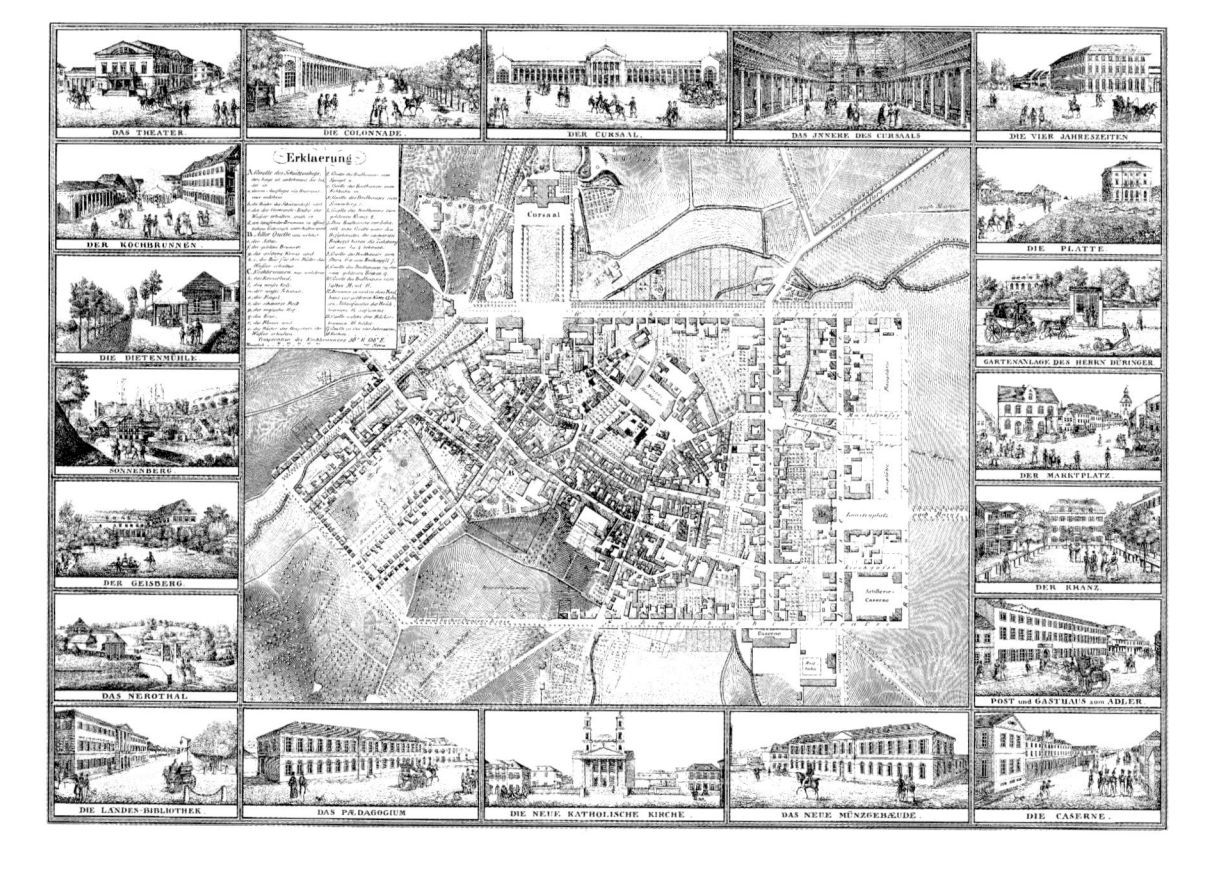

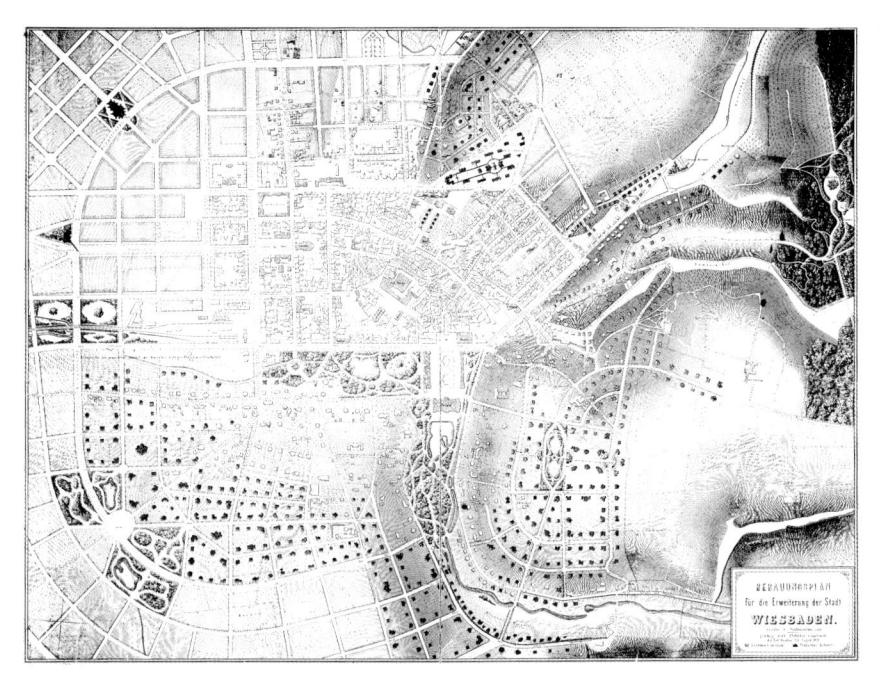

"Bebauungsplan für die Erweiterung der Stadt Wiesbaden" von Stadtbaurat Fach, 1871.
Landesmuseum Wiesbaden

3. Ring:
Ringstraßenbebauung – von 1871

Alexander Fach (1815–1883) ist zwischen 1863 und 1883 der erste Stadtbaumeister in Wiesbaden, der als städtischer Baubeamter mit den Rechten und Pflichten des früheren staatlichen Bauinspektors ausgestattet, besondere Vollmachten besitzt. Ihm unterstehen Städtebau, Hochbau, Straßen und Brückenbau und der öffentliche und kommunale Hochbau in Wiesbaden. Er besitzt nicht nur die Kompetenz, sondern auch die Fähigkeit 1871, einen für die Stadtentwicklung verbindlichen Bebauungsplan vorzulegen.

Jetzt legt sich eine Ringstraße um Wiesbaden, begleitet von weiteren Ringen. Der erste Ring reicht im Nord-Osten bis zur Bierstadter Straße und Sonnenberger Straße und endet im Nord-Westen an der Platterstraße. Die Planidee folgt dem Vorbild bedeutender Großstädte. Wien setzte mit seiner berühmten Ringstraßenbebauung kaiserliche Maßstäbe. Aber auch Köln, Düsseldorf und Dortmund nutzen nach Schleifung der Befestigungsanlagen die Gelegenheit zur Ringplanung. Wenn auch der Wiesbadener Ring nicht vollkommen ist, als Dreiviertel-Ring, die Bergseite und Täler ausklammert, bietet er mit dem Vorschlag zum Ausbau von weiteren Ringen und radialen Straßen weitreichende städtebauliche Entwicklungsmöglichkeiten, dir der sprunghaft wachsenden Bevölkerung der Stadt gerecht werden.

Die von Carl Boos geplanten Stadterweiterungen kommen im Süden und Westen des Rings zu einem Abschluß. Die Ringkirche erscheint erstmals, – wenn auch an der Karlstraße und noch nicht an der Rheinstraße. Die Lage des zukünftigen Hauptbahnhofes, Erweiterung des Villengebietes im Osten, Bebauung der Taunusausläufer an der Schönen Aussicht und am Geisberg, der Täler am Neroberg und Richtung Sonnenberg sind in die Planung mit einbezogen. Die westliche Quartierbebauung im orthogonalen Muster ist mit dem bisherigen Bauschema vorgegeben. Neben den Straßenanschlüssen nach Dotzheim und nach Schierstein erfährt die Einmündung der Biebricher Allee durch einen Gabelung zur Moritzstraße besondere Beachtung. Die Frankfurter Straße mündet in einen Rondellplatz mit Ausstrahlungen. Weitläufige Parkanlagen gehen über in ein Landhaus- und Villengebiet.

Alexander Fach übernimmt und bestätigt mit seinen Planungen das rechtwinklige Netz der Straßenzüge und Blockbebauungen. Er entwickelt die Stadt in Ringen aus dem historischen Fünfecke heraus in einem aus dem Klassizismus übernommenen Grundraster, gibt ihm Dauer und Fortentwicklung bis zur Jahrhundertwende.

Stadtentwicklung von Wiesbaden bis 1945 – Ein Wachsen in Ringen

4. Ring:
Ausstrahlender Strukturwandel – 1884/1905

Nach dem Louis Israel (1844–1893) in der Nachfolger von Fach im Amt des Stadtbaumeisters 1884 übernommen hatte, legt Reinhard Baumeister, Professor für Ingenieurwissenschaften am Polytechnikum zu Karlsruhe, ein Gutachten zur Stadterweiterung vor. Mit der Beauftragung eines Ingenieurs für die Planungen der zukünftigen Stadtentwicklungen hat sich der Magistrat für eine rationale und

„Die Stadterweiterung Wiesbaden", Anlage zum Gutachten von Prof. Baumeister, Karlsruhe, 1884. Landesmuseum Wiesbaden

systematische, wirtschaftlich und sozial gegründete Stadtbaupolitik entschieden, die auf die ästhetische Qualität der Stadtgestaltung rückwirken mußte.

In seinem viel beachteten Buch über „Stadt-Erweiterungen in technischer, baupolizeilicher und wirtschaftlicher Beziehung" spricht er von der Dreigliederung der Zukunftsstadt in die eigentliche Geschäftsstadt als Kern, die Bereiche für Industrie und Großhandel und die Wohnbezirke. Die Planungsgrundsätze richten sich nach Kosten der Arbeitskräfte, von Grund und Boden, der Erschließung und der Höhe der Wohnungsmieten.

Baumeister erkennt erstmals die Bedeutung der sozialen Mischung in den Stadtbezirken. Er lehnt die Absonderung von Arbeitervierteln, Wohnungen für Handwerker, Villenbezirke der Reichen ab und setzt sich für eine Mischung ein, die gegenseitige Abhängigkeit der Klassen und das Angewiesensein der Menschen untereinander berücksichtigen. Fragen an die Stadtgestaltung werden erst gar nicht gestellt; denn, was wirtschaftlich ist, gefällt auch. Das Bauideal ist die Randbebauung großer Baublock mit innerer Erschließung.

Im Gutachten für die Stadterweiterung von Wiesbaden wird die Blockrandbebauung zum städtebaulichen Prinzip erhoben. Die Größe der Baublocks nimmt vom Stadtinneren nach außen hin zu, um innere Erschließungen, soziale Mischungen und gewerbliche Nutzung zu erlauben. Baumeister unterscheidet vier Bauweisen:

I. Bauweise: Geschlossene engräumige Bebauung im historischen Fünfeck;

II. Bauweise: Geschlossene weiträumige Bebauung im Westen über den ersten Ring hinaus bis zum projektierten zweiten Ring;

III. Bauweise: Offene engräumige Bebauung im Süden bis zum 2. Ring;

IV. Bauweise: Offene weiträumige Bauweise im Osten, insbesondere für das vorhandene Landhaus- und Villengebiet mit Sicherheit, bauliche Verdichtung zu vermeiden. Ausführliche baupolizeiliche Vorschriften zur Baudichte im Verhältnis von bebauter zu unbebauter Grundflächen, von Gebäudehöhe im Verhältnis zur Straßenbreite und zur Nachbarbebauung geben Grundlagen, die in eine gebrauchsfähige Baupolizeiordnung eingehen können. Die Fortschreibung dieser Planung weist differenzierte Bauweisen für städtebauliche Nutzung aus:

V. Bauweise: Enge offene Bebauung für die Bauquartiere westlich des geplanten neuen Hauptbahnhofes im Bereich der Biebricher Allee, Emser Straße, Walkmühlstraße, Taunusstraße, Nerotal;

VI. Bauweise: Mittlere offen Bebauung an der Frankfurter und Mainzer Straße, nördlich vom Nerotal, östlich vom Dambachtal, südliche Kapellenstraße und am Geisberg, der Schönen Aussicht und das Landhausgebiet oberhalb der Sonnenberger Straße;

VII. Bauweise: Weite offen Bebauung an der Bierstadter Höhe und im Aukammtal bis zur Gemarkungsgrenze zu Bierstadt;
VIII. Bauweise: Sie behandelt Sonder-Baugebiete mit besonderen Vorschriften für „Spezialbauweisen".

Das klassizistische Grundmuster der Stadt bleibt auch in einer verwaltungstechnisch handhabbaren, rational versachlichten, ökonomisch begründeten städtebaulichen Planung bestehen. Geschlossene Randbebauung von Baublöcken bestimmen das Bild der Stadt und treten besonders in der Ringbebauung und der angrenzenden Straßenzügen hervor. Die ehemalige Noblesse biedermeierlich bescheidener klassizistischer Prägung der Architektur ist längst einer pompösen Prachtentfaltung aus wilhelminisch-weltmännischem Anspruch in historisierender Stilvielfalt gewichen, von der ein belebender Reiz ausgeht, der das besondere Flair der Residenz und Weltkurstadt ausstrahlt.

Dreißig Jahre lang, von 1883–1913 regiert Carl Berthold von Ibell (1847–1923) als überragender Oberbürgermeister diese Stadt. Zum Ende seiner Amtszeit sind eine Vielzahl von öffentlichen Bauten entstanden, die heute noch charakteristisch und substanzbildend die Stadt durchdringen:

Das neue Rathaus 1883 (Georg Ritter von Hauberisser, München), das Theater (Fellner und Helmer, Wien), das Theater-Foyer 1902 (Stadtbaumeister Felix Genzmer, Wiesbaden), der Hauptbahnhof 1899–1906 (Klingholz, Aachen), das Neue Kurhaus 1907 (Friedrich von Thiersch, München), Kaiser-Friedrich-Bad (August O. Pauly, Wiesbaden), Museum Wiesbaden 1915 (Theodor Fischer, München), um nur die wichtigsten öffentlichen Bauten zu nennen, ohne auf die zahlreichen Kirchenbauten und Schulen, den Krankenhausbau, auf die Hotelbauten, den Kranzplatz mit seinen Brunnen, die städtischen Grünanlagen und die großbürgerlichen Villenbauten oder Industriebauten wie die Sektkellerei Henckel hinzuweisen.

Zwischen 1912 und 1925 erarbeitet der Kölner Städtebauer Joseph Stübben, der im Handbuch für Architektur (IV. Theil, 9. Halbband, 1890) sein Credo für eine bild- und erlebnisreichen Stadtgestaltung abgelegt hatte, einen neuen Generalbebauungsplan. Da Wiesbaden 1905 die Bevölkerungszahl von 100.000 Einwohner überschritten hatte, mußte weiteres Wachstum in neue Planungen einfließen, das dann ausblieb.

Stübben lehnte sich im innerstädtischen Bereich eng an die von Baumeister eingeführten und in späteren Jahren weiter entwickelten Planungsgrundsätze an. Er schlug einen weiteren Ring um Wiesbaden und zog die angrenzenden Gemeinden im Osten und Westen und im Süden am Rhein, die mit Wiesbaden bereits verwachsen waren, in seinen Überlegungen mit ein. So entstand eine städtebauliche Planung für 150.000 Menschen in einem über Wiesbaden hinausgreifenden Bereich, der verkehrlich an das Umland angeschlossen werden mußte und eine Schnellbahn zwischen Wiesbaden und Frankfurt sinnvoll erscheinen ließ. Die Kur konnte nicht alleiniger Entwicklungsfaktor sein. Gewerbeansiedlungen westlich des Güterbahnhofes West, nördlich entlang der Dotzheimer Gemarkungen und schließlich südöstlich des Hauptbahnhofes verbrauchten städtebauliche Reserven.

Südliche Stadterweiterung: v.l.n.r. Oranienstraße/Schwalbacher Straße, Moritzstraße/Kirchgasse, Adolfsallee/Luisenplatz.
Luftbild von 1929

Wilhelmstraße/Rheinstraße mit Stadtzentrum.
Luftbild von 1928

Stadtentwicklung von
Wiesbaden bis 1945 –
Ein Wachsen in Ringen

5. Ring:
Eingemeindungen – 1926/1928

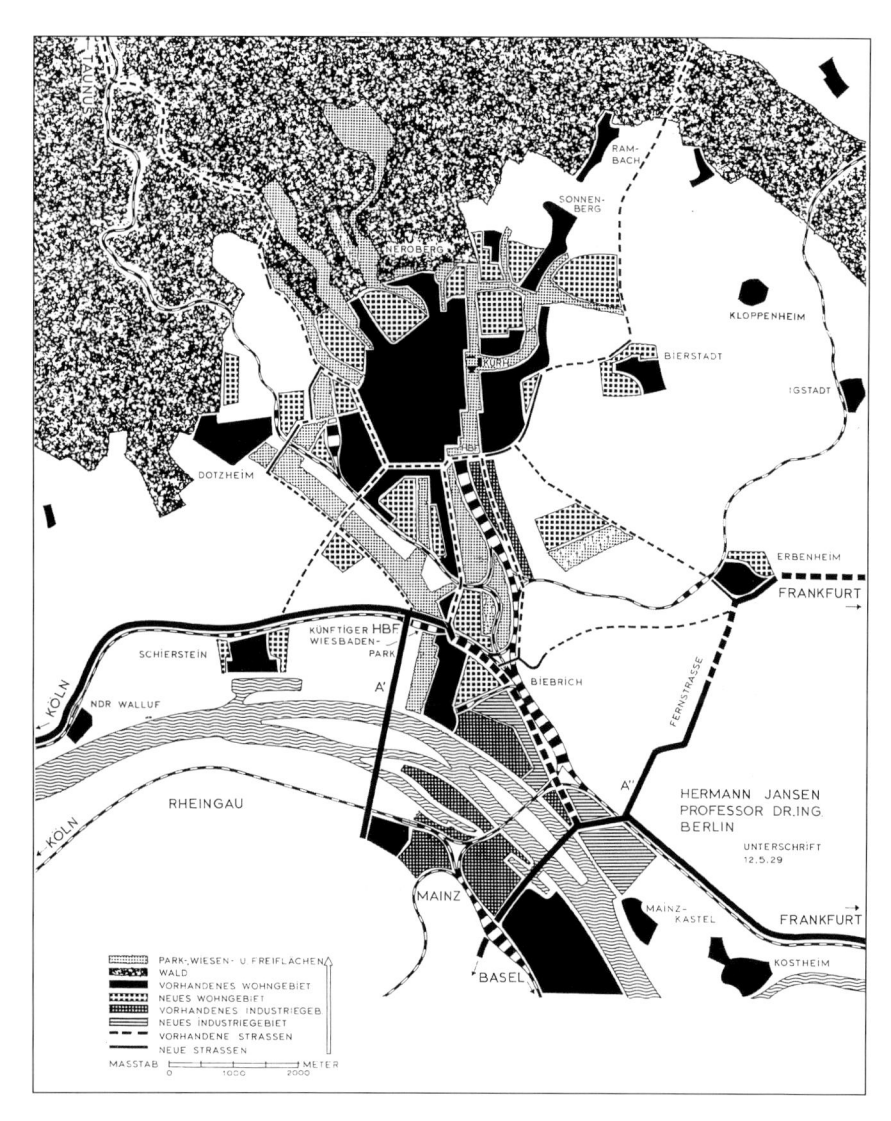

Jansen:
Verkehrs- und Flächenplan 1928

Schierstein und Biebrich kamen erst 1926 zu Wiesbaden und öffneten die Stadt zum Rhein. Am 1. April 1928 erfolgte die Eingemeindung von finanziell leistungsschwachen Gemeinden rings um Wiesbaden in einer schwierigen Zeit. Das sind Dotzheim, Frauenstein, Georgeborn, Bierstadt, Kloppenheim, Hessloch, Erbenheim, Igstadt und Rambach. Das gab Anlaß Professor. Dr.-Ing. Hermann Jansen, Berlin, noch in demselben Jahr mit der Erstellung eines Generalbebauungsplanes für das vergrößerte Stadtgebiet zu beauftragen.

Die Planung von Jansen sieht unter Berücksichtigung eines absehbaren Bedarfs eine Abrundung der vorhandenen Wohngebiete vor, die von Grünbändern untereinander abgesetzt waren. Die Planung richtet das Hauptaugenmerk auf den Verkehr und dessen Anbindung ans Umland. Die stadtumgebenden Ringe münden in Tangenten ein, die über Bierstadt und Platterstraße und Aarstraße in den Taunus führen. Die radialen Verbindungen in Richtung Mainz, Frankfurt und nach Köln zeigen die Notwendigkeiten auf, die aus zukünftigen Verkehrserwartungen erwachsen. Die einschneidenste Planungsidee ist die Verlegung des Hauptbahnhofes an das Nordende des Biebricher Parks, um die Nachteile des Kopfbahnhofes aufzuheben und Wiesbaden an einen rechtsrheinischen Eisenbahnverkehr von Köln nach Frankfurt problemlos anzuhängen. Eine Brücke nahe Biebrich und im Zusammenhang mit dem neuen Hauptbahnhof über den Rhein, um die Stadt Mainz besser anzubinden, tritt hier erstmals auf, die bei Schierstein später verwirklicht wurde.

Das sind Zukunftsplanungen, die wenig mit der Wirklichkeit gemein haben. Wiesbaden ist nach 1918 von britischen und französischen Truppen besetzt, die ihren Anspruch auf Wohnraum geltend machen. Zwischen fünfzehn und zwanzig Hotels und Pensionen sind jahrelang besetzt, viele Wohnungen beschlagnahmt. Die Wohnungsnot ist groß. Das Wohnungsamt bewirtschaftet den Mangel. Stetige Geldentwertung und Inflation behindern das Bauen. Erst 1924 mit der neuen Währung, die Reichsmark als Rentenmark ausgab, konnte eine Nachkriegsentwicklung einsetzen.

Die Einführung der Hauszinssteuer, eine Abgabe auf vorhandenen Haus- und Grundbesitz, machte Kapitalmittel frei, die zum Wohnungsbau eingesetzt werden konnten, um mit Hypotheken und zusätzlichen Zinszuschüssen und anderen Fördermitteln den privaten und öffentlichen Wohnungsbau zu beleben. Die Verwaltungsberichte der Stadt Wiesbaden von 1928/29 zeigen auf, daß nach dieser Finanzierungsmethode zwischen 1924 und 1929 im städtischen Wohnungsbau 1.645 und im privaten Wohnungsbau 1.759 Wohnungen erstellt werden konnten. Die im Westen der Stadt bereits ausgewiesenen und teilweise erschlossenen Wohnbereiche konnten bebaut werden. So entstanden das Rheingauviertel mit Rüdesheimer, Östricher, Winkler, Kiedricher und Rauhentaler Straße oder das Dichterviertel mit Rückert-, Eichendorff-, Kloppstockstraße oder der Elsässer Platz. Was in dieser Zeit aus sparsamsten Mitteln an Wohnqualität in Wohnquartieren geschaffen wurde, die aus Randbebauungen mit begrünten, teils mit Stichstraßen erschlossenen Innenbereichen noch heute eine architektonische, städtebauliche und baukünstlerische Qualität bieten, müssen den internationalen Vergleich mit sozialen Wohnungsbauten in Wien oder Amsterdam nicht scheuen.

In den ersten Nachkriegsjahren lebte die Kur erneut stark auf, als valutastarke Währungen viele Menschen nach Wiesbaden führte, um Erholung, Erlebnis und Kultur zu suchen und zu finden. Der schnelle Rückgang der Kurgäste ließ bald einen Prozeß des Umdenkens einsetzen, das die Notwendigkeiten einer Großstadt mit dem Angebot einer Kurstadt in Übereinstimmung bringen sollte. Die Kur zog sich weiter zurück, auch staatlich gelenkte Wiederbelebungsversuche in den dreißiger Jahren brachten am allerwenigsten Wandel.

Erst 1930 räumten die alliierten Truppen die Rheinlande und damit auch Wiesbaden. Vorher war kein Raum für städtebauliche Entwicklungen, die Zukunft begann zögernd. Nur wenige städtebauliche Lichtblicke setzen 1932 der Bau der Reisiger Brunnenanlagen gegenüber dem Hauptbahnhof, deren Erweiterung durch die Herbertanlagen 1934, die den Namen wohltätiger Mäzene und früherer Wiesbadener Bürger tragen, oder das Opelbad unterhalb des Neroberges, das der in Wiesbaden ansässige Geheimrat von Opel stiftete und 1934 von dem Wiener Architekten Franz Schuster errichten ließ.

Das Fanal zukünftiger Zerstörung von lebendiger Stadt aus bürgerlicher Kultur, setzte der Brand der Synagoge am Michelsberg, die Philipp Hoffmann als sein liebstes Werk bezeichnet hatte, in der Nacht vom 9. auf dem 10. November 1938. Mit dem Beginn der inneren substantiellen Zerstörung endete das Wachstum in Ringen, das sich seit 1800 über den mittelalterlichen Stadtkern gezogen hatte.

Die fünfziger Jahre – „Stunde Null" und Wiederaufbau nach 1945

Dipl. Ing. Stefan Metz

Bereits fünf Wochen vor der bedingungslosen Kapitulation der Deutschen Wehrmacht vor den Alliierten war der Krieg in Wiesbaden beendet. Die amerikanischen Truppen rückten am 28. März 1945 ein und fanden weitgehend erhaltene Versorgungseinrichtungen vor. Der große Bombenangriff in der Nacht vom 2. auf den 3. Februar 1945 hatte Teile der Innenstadt in Schutt und Asche gelegt, einige Schulen, Krankenhäuser und auch Verwaltungsgebäude sowie 10.000 Wohnungen zerstört oder beschädigt. Im Vergleich mit anderen deutschen Großstädten wie Frankfurt/Main, Köln oder Berlin war Wiesbaden insgesamt jedoch nur leicht beschädigt.

1945: Trümmerbahn vor der Bonifatiuskirche, Luisenplatz.

Schon im Juli 1945 wurde ein städtisches Wiederaufbauamt eingerichtet und als selbstständige Dienststelle dem Städtischen Bauamt angeschlossen. Nach der bereits 1945 durchgeführten Schadensaufnahme im Gebiet des Stadtkreises Wiesbaden waren von den 15.863 Wohngebäuden mit 57.014 Wohnungen
    8.886 private Gebäude leicht (1 – 15 %)
    1.572 private Gebäude mittel (16 – 40 %)
    1.041 private Gebäude schwer (41 – 80 %)
    1.593 private Gebäude total (81 – 100 %)
zerstört bzw. beschädigt und hierdurch 10.740 Wohnungen (entspricht rund 18 %) zunächst unbewohnbar geworden.

Zur Unterbringung der Besatzungssoldaten wurden allerdings rund 3.000 Wohnungen beschlagnahmt – vornehmlich in den Villengebieten.

Die Versorgungssituation verschärfte sich damit zunächst, zumal durch Baustoff- und Facharbeitermangel der Wiederaufbau nur schleppend voranging. Für die schnelle Wohnraummobilisierung wurde deshalb im Herbst 1946 ein erstes Schnellbauprogramm für 370 Wohnungen aufgestellt, dem ein zweites Programm im Winter gleichen Jahres mit knapp 500 Wohnungen folgte.

Ab September 1945 wird ein 12 km langes provisorisches Gleisnetz im Stadtgebiet installiert, auf dem die Trümmerbahnen verkehren. Zur Beseitigung des damals auf rund 600.000 Kubikmeter geschätzten Kriegsschuttes sind 18 Lokomotiven im Einsatz.

Im Sommer 1946 konstituiert sich die erste frei gewählte Stadtverordnetenversammlung nach dem Weltkrieg und wählt Hans Heinrich Redlhammer (CDU) zum Oberbürgermeister. Eberhard Finsterwalder wird im Oktober 1946 Stadtbaurat und leitet damit bis zum Ende seiner Amtszeit im Jahre 1954 die erste Phase des Wiederaufbaues. Sein Nachfolger wird Hans Simon (bis 1966).

Aus dem städtebaulichen Wettbewerb für das zerstörte Kur- und Quellenviertel in der Innenstadt 1949 geht Rudolf Dörr als Sieger hervor. Er schlägt eine Neuordnung des gesamten Viertels vor, überplant den beengten Grundriß der Altstadt und schafft mit einer Folge von Straßen und Plätzen stadträumliche Qualitäten, die bis heute ihre Gültigkeit behalten haben. Bereits 1953 entsteht der erste Bauabschnitt an der Webergasse mit einer Mischung von Wohnen und Ladengeschäften in den Erdgeschossen.

Mit der Restaurierung der Brunnenkolonnaden, der Wiederherstellung von Kur- und Rathaus schreitet der Wiederaufbau der Innenstadt voran. Die ersten Stadterweiterungen Wiesbadens nach dem Krieg sind durch den andauernden Besatzungsstatus bedingt: 1954 wird der erste Abschnitt der Großsiedlung Hainerberg zwischen Wiesbaden und Bierstadt fertiggestellt. Hier entstehen bis 1955 insgesamt 1150 Wohnungen für die Besatzungssoldaten und deren Familienangehörige.

Aus heutiger Sicht stellt die Siedlung städtebaulich den (in Wiesbaden einzigen) Prototyp des „organischen Bauens" der fünfziger Jahre dar: geschwungene Straßenführungen, aufgelockerte und durchgrünte Bauweise mit unregelmäßig gestellten Baukörpern, die im übrigen – bis auf wenige Ausnahmen bei den Gemeinschaftsgebäuden – wenig architektonischen Reiz entfalten.

Mit den Neubauten für das Bundeskriminalpolizeiamt (1953), für die Deutsche Pfandbriefanstalt (1955), das Statistische Bundesamt (1956) und die Berlinische Leben (1956) zeichnet sich die Entwicklung Wiesbadens zum Sitz verschiedener Verwaltungseinrichtungen des Bundes der Kreditwirtschaft und des Versicherungsgewerbes ab. Die Landeshauptstadt Hessens entwickelt sich zu einem Standort der öffentlichen und privater Verwaltungen. Schon gegen Ende der fünfziger Jahre hatte diese „Tertiärisierung" der Wirtschaft dazu geführt, daß die Zahl der in öffentlichen und privaten Dienstleistungsbetrieben Beschäftigten etwa gleich hoch wie die der in der Industrie beschäftigten Arbeitnehmer war, ein für die gesamte Bundesrepublik fast unvergleichliches Phänomen. Auch die Zahl der Verlage, die sich in der neuen Landeshauptstadt ansiedelten, stieg von sieben unmittelbar nach dem Krieg auf über 60 bereits in den frühen fünfziger Jahren. Als eines der auch architektonisch interessantesten Bauten dieser Zeit gilt der Neubau für den Brockhaus-Verlag auf dem Leberberg.

Erst in den sechziger Jahren jedoch wurden neue Baugebiete für die weitere Ansiedlung von Dienstleistungsbetrieben geplant. Die Stadtentwicklung der fünfziger Jahre dagegen wird weitgehend von der Realisierung reiner Wohnsiedlungen bestimmt (Siedlung Kohlheck, Siedlung Hainerberg, Aukamm u.a.). Allein zwischen 1950 und 1960 sind in Wiesbaden rund 23.000 Wohnungen gebaut worden, die allerdings nur im Einzelfall einer architekturtheoretischen Würdigung bedürfen.

Neben dem städtebaulichen Leitbild der gegliederten, aufgelockerten und durchgrünten Stadt – die in dieser Form der reinen Lehre tatsächlich an der Peripherie realisiert wurden – lassen sich (übrigens nicht nur in Wiesbaden) architekturstilistisch vier grundlegende Strömungen nachzeichnen, die an dieser Stelle – stark vereinfachend – umrissen werden können:

In der zeitgenössischen Architektur der fünfziger Jahre finden sich durchaus noch neoklassizistische Tendenzen. Während der Zeit des Nationalsozialismus dienten derartige Stilelemente in der Architektur der Sicherung der Monumentalität von Partei und Staat. Massive, blockhafte Bauten mit stehenden Fensterformaten und stringenter Axialität sind Kennzeichen einer retardierenden Architektursprache auch in der Nachkriegsära, die sich oft in Repräsentationsbauten der Wirtschaft und Verwaltung – in Wiesbaden jedoch nur vereinzelt – wiederfinden (z.B. Hauptverwaltung Didier).

Daneben konnte sich ein zweites Mal die strenge, funktionale Architektur der zwanziger Jahre entfalten. Der Formenkanon des Bauhauses – 1933 von den Nationalsozialisten

Die fünfziger Jahre –
„Stunde Null"
und Wiederaufbau
nach 1945

Treppenhaus des ehemaligen
Finanzamtes
in der Mainzer Straße.

geschlossen und als international und damit undeutsch diffamiert – erlebte durch die vormals gächteten und inzwischen gealterten Meister eine zweite Blüte. Karge Fassaden, kubischen Formen und schlichte, funktionelle Details finden sich in Wiesbaden jedoch recht selten (z.B. Wohnhaus im Tennelbachtal von Wilhelm Lehr)

Eine echte stilistische Innovation in der Nachkriegsarchitektur bildet die vielfach gebaute Fassadenerscheinung des Rasters. Verwaltungsgebäude der öffentlichen Dienste und der Privatwirtschaft signalisieren mit aufstrebenden und vertikalisierenden Rastern die Insignien des Wirtschaftswunders. Anfangs galt die klassische Fassadendreiteilung mit vollflächig verglastem Erdgeschoß, aufgerastertem Mittelteil über mehrere Geschosse und zurückgesetztem Dachgeschoß und flachem, oft weit überkragenden Flugdach noch originell. Später entgleist die Addition von befensterten Fassadenfeldern zu einer wahren „Rasteritis", ohne daß noch differenziert – und nach außen sichtbar – unterschieden wird zwischen primärer Tragkonstruktion und sekundärer Teilungsstütze. Der Expansion des Personalbedarfes aller Verwaltungen in der Nachkriegszeit entspricht dabei die Höhe der Neubauten: Die meist als Stahlbetonskelett-Konstruktionen ausgeführten Gebäude überschreiten oft die Hochhausgrenze und überragen als Solitäre die Traufhöhen der umgebenden Altbebauung (Beispiel: Verwaltungsgebäude Schillerplatz von Herbert Rimpl)

Den Gegenpol zur orthogonal-strengen Form der Rasterarchitektur – oft auch mit dieser in einem Gebäudeensemble vereint – vermittelt sich in expressiv-dynamischen Gebäuden, die mit ihrem formalen Schwung den Aufbau-Elan jener Jahre zu symbolisieren scheinen. Runde, kreis- und parabelförmige Linienführungen verbinden sich dabei oft in eleganten Solitären – in leichter Transparenz ebenso wie in kräftig-monolitischen Blockbauten. Interessante stilistische Neuerungen finden sich dabei vornehmlich bei Kirchenbauten, Pavillons, Tankstellen, seltener auch bei Industriegebäuden (Zementmühle Dyckerhoff, Heiliggeist-Kirche).

Inzwischen wird den baulichen Zeugnissen aus der frühen Geschichte der Bundesrepublik in vielen Städten ein architektur- und damit auch kulturgeschichtlicher Wert beigemessen, der in vielen Fällen zur Unterschutzstellung im Sinne der Denkmalpflege geführt hat.

Nach vierzig Jahren besteht nunmehr die Gefahr, daß dem wachsenden Verwertungsdruck innerstädtischer Grundstücke wertvolle Bauten weichen müssen. Als das kleinere Übel rollt seit einigen Jahren schon eine enorme Modernisierungwelle über die Bauten und Siedlungen der fünfziger Jahre hinweg, die mit geflissentlicher Ignoranz der künstlerischen Qualität vieler Häuser zu Leibe rückt. Da wird wärmegedämmt, umgebaut und isolierbefenstert, die ursprünglichen Fassadengliederungen und -materialien sind inzwischen oft bis zur Unkenntlichkeit verunstaltet. Langsam richtet sich aber die öffentliche Aufmerksamkeit auf die Erhaltung der Stadtbilder der fünfziger Jahre, um zu verhindern, daß Stadt als Raum der jüngeren und damit eigenen Geschichte aus der Erinnerung getilgt wird.

Fassadenwerbung im Stil der Aufbaujahre.

**Luftbrückensiedlung
„crest view village"**
490 Wohnungen
Bierstädter Höhe

Architekt: Herbert Rimpl u.a.

Bauherr: Gemeinnützige
Wiesbadener Wohnbau GmbH

Lageplan der Luftbrücken-
siedlung Bierstadter Höhe.
Darüber das Querprofil
des Hanges.

1950

Mit Beginn der Luftbrücke von Frankfurt nach Berlin 1948 entstand auch in Wiesbaden für Angehörige der amerikanischen Besatzungsmacht ein erhöhter Wohnungsbedarf. Um die Beschlagnahmung von Wohnraum zu vermeiden, entschied sich der damalige Oberbürgermeister Redlhammer mit Hilfe der amerikanischen Militärverwaltung zum Neubau einer großzügigen Wohnsiedlung. Die Wohnungen sollten später der Wiesbadener Bevölkerung zur Verfügung gestellt werden; die Grundrißorganisation sollte dementsprechend die Verkleinerung von zwei auf drei Wohnungen je Geschoß ermöglichen.
Die Wohnungsbaugesellschaft schrieb einen Wettbewerb unter den Architekten Prof. Rimpl, Prof. Hebebrand, Prof. Söder, Dr.-Ing. Hilgner, Dipl. Ing. Brettschneider, Dipl. Ing. Nissen, Reg. Bm. Schäffer-Heyrothsberge, Dipl. Ing. Gehrmann und Architekt Stadtmüller aus, die zu ihren Plänen verbindliche Festpreise angeben mußten. In fünf Bauabschnitten errichteten die Architekten Rimpl, Nissen, Gehrmann, Brettschneider und Stadtmüller die gesamte Siedlung; die künstlerische Oberleitung lag beim Stadtbauamt.
Die Bauten sind in Schüttbeton und mit großen Hohlblocksteinen aus Mainzer Trümmersplitt ausgeführt.

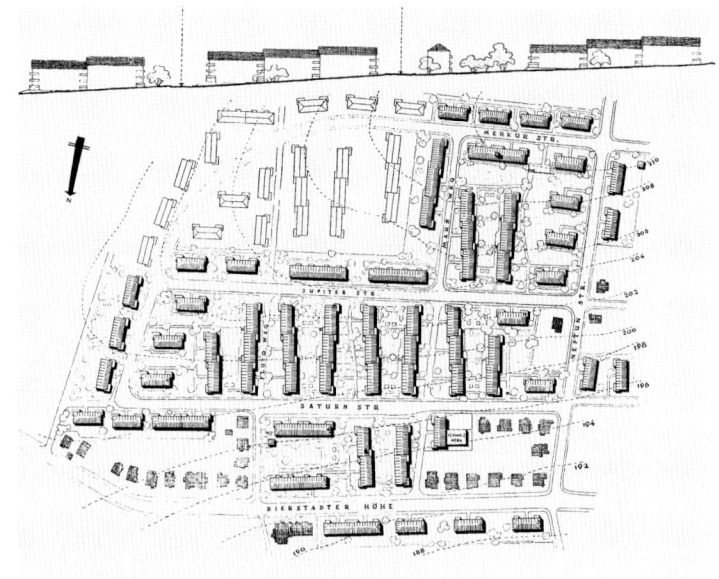

Verwaltungsgebäude der Didier-Werke
Lessingstraße 16-18

Architekt: Ludwig Minner

Bauher: Didier-Werke AG

1951

Dem Bau des zweiflügeligen Gebäudes auf L-förmigem Grundriß ging ein engerer Wettbewerb voraus. Der lange Hauptflügel entlang der Lessingstraße wird nach drei Vollgeschossen und zurückgesetztem Obergeschoß von einem flachen Walmdach bedeckt. Mit starker Axialität, blockhafter Fassadengestaltung mit Muschelkalkverblendung und stehenden Fensterformaten mit mächtigen Gewänden vermitteln sich Stilelemente der späten dreißiger Jahre, die auch in der Konstruktion ihre Entsprechung finden: die Außenwände sind gemauert, und eben nicht zeitgemäß in Stahlbeton ausgeführt. Der Bau ist Kulturdenkmal als Dokument für die Anfänge des Wieder(!)aufbaues und mit seinem retardierenden Baustil in Wiesbaden ohnegleichen.

Wohnhaus
Kaiser-Friedrich-Ring 78
Innenstadt

Architekt: Klaus Gehrmann

Bauherr: Gemeinnützige Bau- und Siedlungsgenossenschaft 1950, Wiesbaden

1951

Sozialer Wohnungsbau auf kriegsbedingter Baulücke. Die Ecke an der verkehrsbelasteten Straßenkreuzung wird in Glas aufgelöst, die vorgegebenen Traufkanten werden eingehalten und die bestehenden Altbauten durch das überstehende Dachgesims verbunden.

Verlagsgebäude Brockhaus
Leberweg 25
Musikerviertel

Architekt: Ludwig Goerz

Bauherr: Brockhaus Verlag

1952

Neubau für Verwaltung, Redaktion und Bücherlager des traditionsreichen Verlages auf dem Leberberg, der seit 1945 seinen Sitz in Wiesbaden hat.

Verwaltungsgebäude der Raiffeisendienst-Versicherungen
Sonnenberger Straße 2

Architekt: Paul Schaeffer-Heyrothsberge

Bauherr: R+V-Versicherungen

1953

Mit dem straßenseitigen Neubau wurde der Altbau am Hang verbunden. Die repräsentative Rasterfassade dieses klassischen Verwaltungsbaues der fünfziger Jahre besteht aus der Addition quadratischer Felder: aus den mit Auer Kalkstein verblendeten Stützen und Querriegeln. Die Fensterbrüstungen sind mit grauem geschliffenem Muschelkalk verkleidet. Das zurückgesetzte Dachgeschoß diente der Direktion der Versicherung. Ursprünglich fand sich im Erdgeschoß die Gaststätte „Schultheiß am Kureck" mit einem großen Gastraum und attraktiver Terrasse an der Sonnenberger Straße. Nach verschiedenen gastronomischen Nutzungen erfolgte 1992 ein Umbau für eigene Zwecke der Versicherung; ob der groben Verletzung der gestalterischen Vorgaben des ansonsten bislang weitgehend unveränderten Außengestalt ein nunmehr wenig attraktives Gestaltbild.

Bundeskriminalpolizeiamt
Tränkweg

Architekt: Herbert Rimpl

Bauherr:
Bundesrepublik Deutschland

1953

Die charakteristischen Dächer des Saalbaues und der Loggien sind als Schalendächer auf Wellblechschalung ausgeführt. Die Außenflächen des Stahlbetonskelettbaues bestehen aus Sichtbeton mit Mineralfarbanstrich; die Brüstungen sind in Kunststein ausgeführt.

Das Bundeskriminalpolizeiamt – so die ursprüngliche Bezeichnung des BKA – bezieht nach seiner Gründung 1951 den Neubau auf dem Geisberg bereits im Jahre 1953. Damit ist der Grundstein gelegt die Einrichtung verschiedener personalstarker oberer Bundesbehörden in Wiesbaden. Das Statistische Bundesamt und die Wehrbereichsverwaltung IV am Moltkering folgen.

Auf der Suche nach neuen Stilelementen – nach langen Jahren dumpf-neoklassizistisch geprägter Herrschaftsarchitektur – sind Verwaltungsneubauten wieder durch einfache und transparente Architekturformen gekennzeichnet. In Wiesbaden leitet Rimpl mit dem Neubau für das BKA als einer der ersten Verwaltungsneubauten eine neue Architekturepoche ein. Die Gebäudegruppe liegt auf einem Höhenzug am Südhang des Taunus.

Neugestaltung des zerstörten Quellenviertels in der Innenstadt

Im Februar 1945 wurde durch einen Bombenangriff das Kur- und Quellenviertel in der Innenstadt zu 50 % zerstört. Nachdem die Abteilung Stadtplanung der Allgemeinen Bauverwaltung in den ersten Nachkriegsjahren verschiedene städtebauliche Entwürfe für die Innenstadt verfaßte, lobte die Stadt im Februar 1949 einen offenen „Ideenwettbewerb zur Erlangung von Entwürfen für die städtebauliche Gestaltung des Quellengebietes der Innenstadt von Wiesbaden" aus. Hiernach sollte beim „künftigen Wiederaufbau (...) vor allem Hotel-, Bade- und Geschäftshäusern der Vorzug" gegeben werden (Ausschreibung, S. 4).

Wiesbaden war wegen seiner heißen Quellen im 19. Jahrhundert zur „Weltkurstadt" avanciert. Seit dem Mittelalter hatte sich der kleinteilige Stadtgrundriß des Kur- und Quellenviertels mit seinen verwinkelten Gassen entwickelt, so daß das Kurhaus mit der nördlichen Kolonnade als Mittelpunkt der Trinkkur außerhalb des Viertels errichtet wurde.

Bereits in den Jahrzehnten vor dem 2. Weltkrieg wurde deshalb über eine umfassende Neugestaltung nachgedacht, da die Anziehungskraft des alten Kurviertels nachließ und sich der Schwerpunkt des Geschäftslebens zur Lang- und Kirchgasse verlagerte. Mit der Zerstörung des Viertels durch die alliierten Bomben bot sich nun endlich die Chance, im ehemals beengten Zentrum die neuen Leitbilder des Städtebaues tatsächlich zu bauen: aufgelockert, gegliedert, durchlüftet. „Es erscheint deshalb zweckmäßig, den Zugang der kühlen Luftmassen aus den Tälern durch geeignete Straßenräume zu begünstigen." (Ausschreibung, S. 1) Für den Block zwischen Graben- und Wagemannstraße, dem sog. Schiffchen, war – obwohl hier weit weniger bausubstanzielle Beschädigungen zu beklagen waren – in der Wettbewerbsausschreibung bereits der Abriß und die Anlage eines Parkplatzes planerisch vorgedacht. Das Quellenviertel indes sollte vom automobilen Durchgangsverkehr freigehalten bleiben. „Das Gebiet soll so gestaltet werden, daß es wieder für einen Kur-, Fremden- und Geschäftsverkehr einen Anreiz bietet" (Ausschreibung S. 1)

Das Preisgericht mit Oberbürgermeister Redlhammer und Stadtbaurat Finsterwalder (u.a.) entschied sich für den städtebaulichen Entwurf von Rudolf Dörr als erstem Preisträger, der mit einer Folge von großzügigen Straßen und Plätzen die in der Wettbewerbs-Ausschreibung geforderte „eindrucksvolle Verbindung zwischen dem Geschäftsviertel an der Langgasse und den Geschäften in der Wilhelmstraße" (S. 1) vorschlug.

Der Enwurf mündete schließlich in einen amtlichen Bebauungsplan, und Dörr gelang es, die Eigentümer des Kur- und Quellenviertels

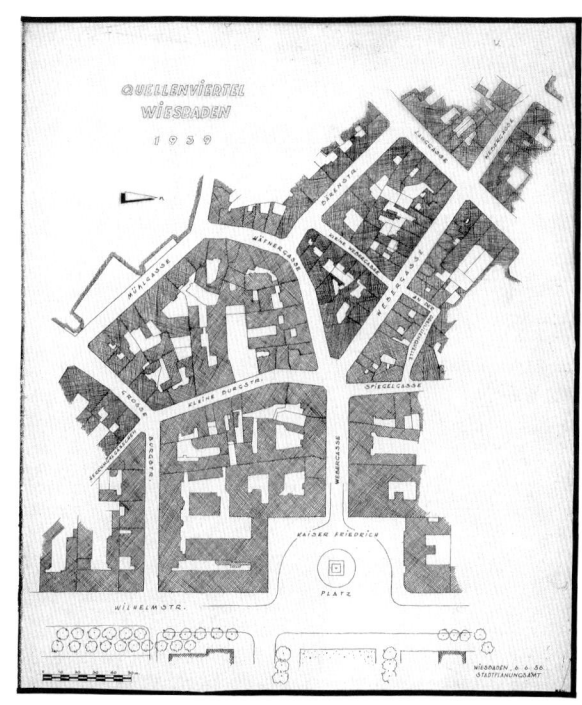

Lageplan/Bestand 1939

zu veranlassen, sich zur „Aufbaugemeinschaft Kurviertel Wiesbaden e.V." zusammenzuschließen, um die alte Grundstücksparzellierung in einer umfassenden Bodenordnung aufzuheben. Nach langwierigen Verhandlungen konnte der erste Bauabschnitt an der Webergasse begonnen werden.

Zehn Jahre später ist die Neugestaltung des Kurviertels mit dem zweiten Bauabschnitt des „Appartementhauses Vierjahreszeiten" vollendet. Neben Rudolf Dörr waren weitere Architekten wie Martin Braunstorfinger und Horst Niessen beteiligt.

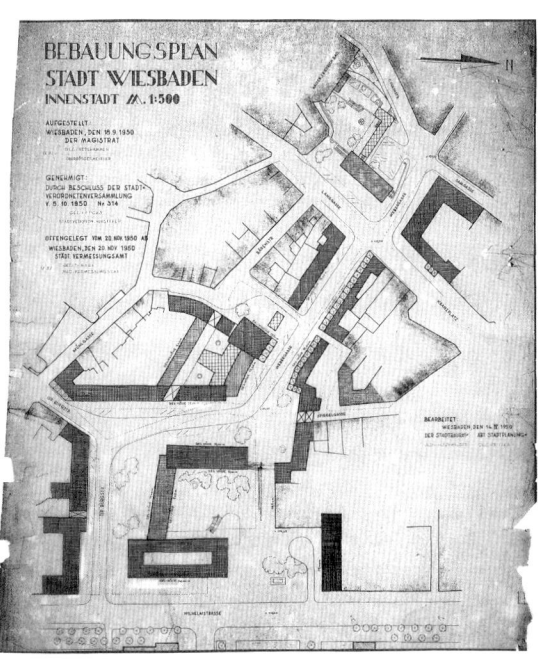

Planung 1950

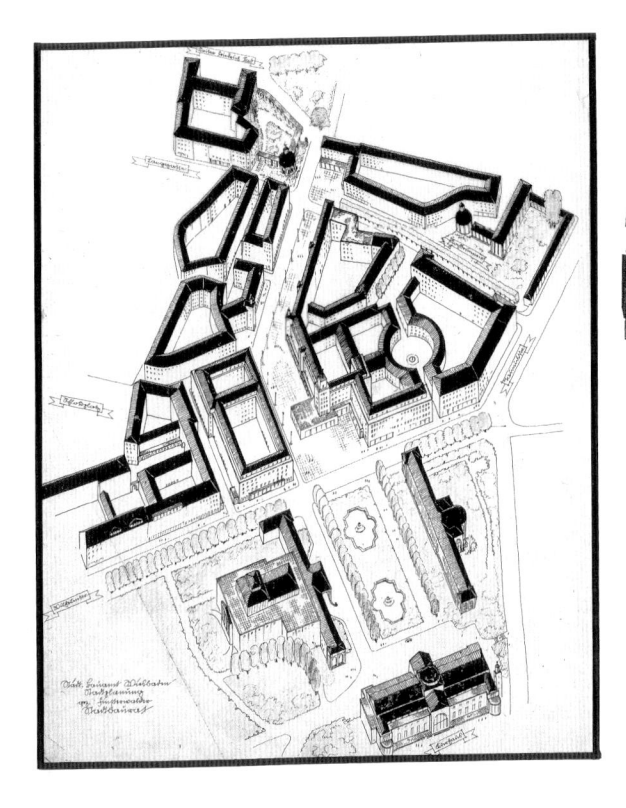

Planung
des Stadtplanungsamtes
Ende
der vierziger Jahre.

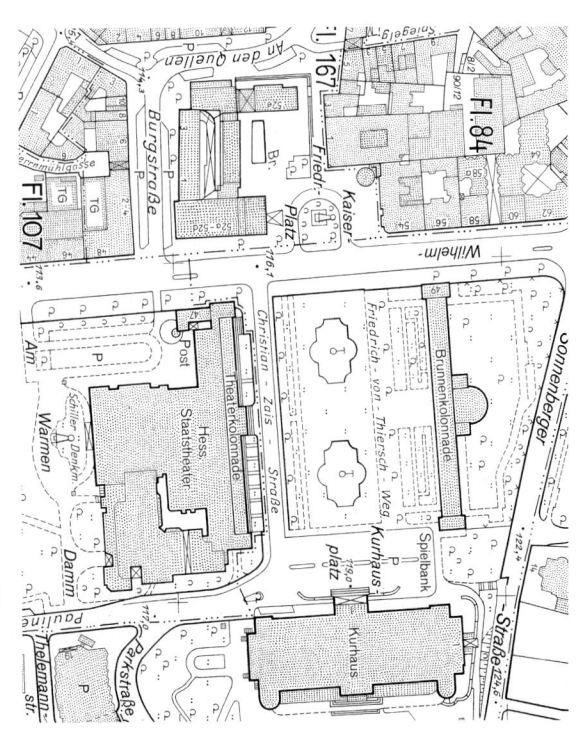

Zustand 1995

Wohn- und Geschäftshäuser
Webergasse

Architekt: Rudolf Dörr

Bauherr: Aufbaugemeinschaft Kurviertel Wiesbaden e.V.

1953

Als erster Bauabschnitt des Gesamtplanes für das neue Kur- und Quellenviertel kam die beidseitige Bebauung an der Webergasse im Anschluß an die Langgasse zur Ausführung. Es entstanden 16 Läden in den Erdgeschossen, 84 Büro- und Praxiseinheiten in den 1. Obergeschossen und 64 Zwei- und Dreizimmer-Wohnungen in den drei Obergeschossen. Wegen des hohen Quellwasserstandes mußte auf Unterkellerungen verzichtet und ein Fundament durch Einrütteln eines Kiesgrundes hergestellt werden. Bauträger war das Sozialwerk Baden-Baden, Außenstelle Wiesbaden. Rudolf Dörr wurde 1953 vom hessischen Finanzminister für seine vorbildliche Aufbauleistung ausgezeichnet.

**Altes Finanzamt/
Zentrale Besoldungsstelle Hessen**
Mainzer Straße 35
Innenstadt

Architekt: Staatsbauamt
Wiesbaden – Adolf Möreke,
Reinhold Hoffmann

Bauherr: Hessisches
Finanzministerium

1954

Der schlanke Stahlbetonskelettbau besticht durch seine klare Formensprache und Fasssadendurchbildung. Durch die fünfachsige transparente Schmalseite zur Mainzer Straße hin wird ein voller Einblick in das Haupttreppenhaus mit der freitragenden Wendeltreppe gewährt. Im Eingangsbereich ist die Fassade mit bruchrauhem westfälischen Schiefer mit hellgrünen Klinkerstreifen verkleidet.
Beide Längsseiten werden von der zeittypisch abstrahierenden Darstellung des „Vogel Phönix" geziert, ein Motiv aus weißem Stahlrohrgestänge und farbigem Kunststoff (Entwurf: Martin Freyer). Die Griffe der rahmenlosen Glastür sind in Form von Ein-Mark-Stücken ausgeführt. Das Gebäude ist Kulturdenkmal aus künstlerischen und städtebaulichen Gründen.

Heizwerk
Mississippistraße 3
Siedlung Hainerberg

Architekt: Klaus Gehrmann,
Wiesbaden

Bauherr: Sonderbauamt
Erbenheim

1954

Das Heizwerk in der Hainerberg-Siedlung für die Angehörigen der US-Streitkräfte ist noch völlig unverändert: mit seinen kreisrunden Fenstern und den beiden flachen Seitenschiffen, die symmetrisch an einen hochkant gestellten Quader anschließen, provoziert es die Assoziation einer Mischung von Sakralbau und Ozeandampfer. – Einzigartig!

Siedlung Hainerberg

Architekten: Herbert Rimpl u.a.

1955

1954 und 1955 entstanden hier für die Angehörigen der US-Luftwaffe und deren Familien rund 1.150 Wohnungen. Mit 67 Hektar und rund 220 Gebäuden handelt es sich um die größte Wiesbadener US-Siedlung mit diversen Gemeinbedarfseinrichtungen wie Grund-, Mittel- und Highschool, Kindergarten und Jugendzentrum. Die Siedlung wird durch ein eigenes Kraftwerk zentralbeheizt. Mit der Größe der engeren Innenstadt vergleichbar, galt die Siedlung als flächenmäßig bedeutsamer Impuls für die Stadtentwicklung der fünfziger Jahre. Nach den Prinzipien des durchgrünten und gegliederten Städtebaues mit aufgefächerten Gebäudezeilen geplant und von deutschen Architekten entworfen, entfalten die einzelnen Baukörper wenig wegweisende Innovation oder gar architektonischen Reiz.

Haus Zais
Burgstraße

Architekt:
Martin Braunstorfinger

1955

Das Wohn- und Geschäftshaus bildet die Randbebauung der neuen Burgstraße. Am Ostgiebel an der Wilhelmstraße entstand später das neue Vierjahreszeiten. Im Untergeschoß befindet sich eine Großgarage, im Erdgeschoß befanden sich eine kleine Tankstelle und ein Autosalon. Das erste und zweite Obergeschoß war für Arztpraxen und Büroräume vorgesehen, das dritte zurückgesetzte Obergeschoß für Wohnungen. Die Straßenfassade wurde mit Gail'schen Spaltklinkern verkleidet.

Inzwischen durch Umbau in seiner zeittypischen Qualität stark verunstaltet.

Villa Harnischmacher II
Schöne Aussicht 53

Architekt:
Marcel Breuer, Entwurf
Wilhelm Neuser, Bauleitung

Bauherr:
Ehepaar Harnischmacher

1955

Ersatzbau für die kriegszerstörte erste Villa von 1931, ebenfalls von Marcel Breuer entworfen. Schlichte funktionelle Formen werden verbunden mit natürlichen Materialien wie Holz und Naturstein. Als einziger Wohnbau nach 1945 von Breuer in der Bundesrepublik steht die Villa aus künstlerischen Gründen als Werk eines der großen Architekten der Moderne unter Denkmalschutz.

**Deutsche Pfandbriefanstalt/
Depfa-Bank**
Paulinenstraße

Architekt: Alexander von Branca,
Wilhelm Wichtendahl

1955

Als Ergebnis eines Wettbewerbes entstand 1953–1955 auf dem parkähnlichen Grundstück ein eleganter Neubau. Die Baumassen verteilen sich auf einen Siebengeschosser im Hintergrund und einen zweigeschossigen Anbau, der zur Straße hin in Erscheinung tritt. Die feingliedrige Travertin-Fassade bietet grazile Fensterteilungen, großen Fensterflächen und ein zeittypisches Marmormosaik im Brüstungsstreifen. Das Kulturdenkmal ist mit dem Umbau Anfang der neunziger Jahre leicht verändert worden: leider wurde dabei die strenge orthogonale Form des gesamten Kubus durch den dreieckigen Aufsatz des ehemals waagerechten Vordaches am Haupteingang durchbrochen.

1956

Statistisches Bundesamt
Gustav-Stresemann-Ring
Innenstadt

Architekt: Paul Schaeffer-
Heyrothsberge, Wiesbaden

Bauherr:
Bundesfinanzministerium

Mit den flachen Nebengebäuden bildet der Hauptbau ein Kreuz zweier sich durchdringende Baukörper. Zu den weitgehend unverändert gebliebenen Nebengebäuden gehört das freistehende Casino für rund 550 Personen. Die innere Westwand wurde von einem keramischen Wandbild geschmückt
(Entwurf: Prof. Spuler, Karlsruhe).

Die Vorgaben des engeren Wettbewerbes von 1952 waren eindeutig formuliert: Klare bauliche Gliederung, Trennung der Nebenbetriebe von den in knapper Konzentration zusammengefaßten Abteilungen des Amtes, kürzeste und damit vertikale Verkehrswege. Alle Abteilungen sind in dem vierzehngeschossigen rund 100 Meter langen Hochbau untergebracht. Die Fassadengestaltung – ehemals durch helltürkisfarbenes Glasmosaik auf den Brüstungen geprägt – ist inzwischen unsensibel wärmeverkleidet.

Wassertum
Auf dem Bingert
Bierstadt

Architekt:
Stadtwerke Wiesbaden AG

Bauherr:
Stadtwerke Wiesbaden AG

1956

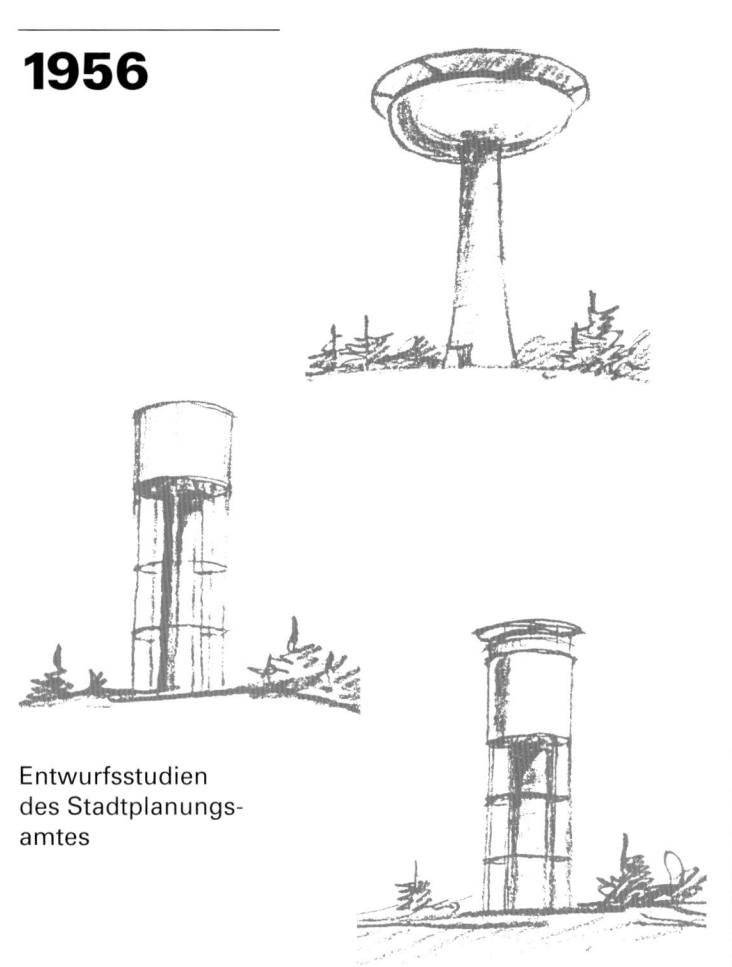

Entwurfsstudien
des Stadtplanungs-
amtes

Der einzige Wasserturm in Wiesbaden, der noch in Funktion ist. Ursprünglich zur Versorgung der Aukamm-Siedlung der US-Streitkräfte gebaut, versorgt er heute zusätzlich die Siedlung Birnbaum und Heidestock.

Mehrfamilienwohnhaus
Karl-Boos-Straße 1-5/Knausstraße 8
Innenstadt

Architekt: Ludwig Goerz

Bauherr:
Gemeinnützige Wiesbadener Wohnbaugesellschaft

1956

Sparsame Architektur und sparsame Ausstattung:
Die Sozialbauwohnungen sind als Zwei- und Dreispänner-Typen organisiert und waren anfangs nur mit einer Ofenheizung ausgestattet. Das Dachgeschoß mit seinen quadratischen Fensterformaten führt ebenso wie das flache Pultdach formale Traditionen der Siedlungsarchitektur der zwanziger und dreißiger Jahre weiter.

Bürogebäude Fa. Petersen
Dantestraße, Innenstadt

Architekt: Kurt Mehlhart

Bauherr: Hugo Petersen

1956

Das Gebäude wurde für das Ingenieurbüro der Fa. Hugo Petersen erstellt. Es umfaßt in den Obergeschossen die Büro- und Besprechungsräume und im Erdgeschoß die Hausmeisterwohnung und ursprünglich im westlichen Teil (Luftgeschoß) auch Wagenabstellplätze. An der Südseite sind vor den Arbeitsräumen senkrechte Sonnenblenden und Lamellenstores angeordnet.

Die Fassaden sind mit Gail'schen Klinkern in zwei verschiedenen Farbtönen verkleidet.

Verwaltungsgebäude
Schillerplatz, Innenstadt

Architekt: Herbert Rimpl

Bauherr: Berlinische
Lebensversicherungs-Gesellschaft

1956

Für den Vorstand und die Mitarbeiter des zweiten Sitzes der Berlinischen Leben wird am Schillerplatz ein Neubau errichtet. Er ergänzt den vorhandenen Altbau und bildet mit seinen acht Geschossen die südliche Platzwand zum Dernschen Gelände. Die typisch-zeitgenössische Fassadengliederung mit Ladengeschäften im Erdgeschoß, streng gegliederter Rasterfassade im Mittelbereich und zurückgesetztem Dachgeschoß mit der sog. Rimpl-Welle als Dachform setzt neue städtebauliche Maßstäbe in der Innenstadt.
Die Fassaden des Stahlbetonskelettbaues sind mit Römisch-Travertin verkleidet. Das Dach ist als freistehende Betonschale in Wellenform ausgeführt.

Zementmühle – Mühle Weiß
Biebricher Str. 74/
Wiesbadener Landstraße
Amöneburg

Architekt: Prof. Ernst Neufert,
Darmstadt

Bauherr: Dyckerhoff
Portland Zementwerke AG

1956

Der Stahlbetonskelettbau zeichnet sich durch zeittypische Minimierung der Baustoffe aus und wirkt durch die Glasausfachungen besonders leicht und transparent. Schlanke Stützen mit vorkragenden Verdachungsschalen vermitteln eine rhythmisch-dynamische Eleganz, charakteristisch für die formale Ästhetisierung reiner Zweckbauten der fünfziger Jahre.

Erweiterungsbau des Polizeipräsidiums
Marktstraße 2-6
Innenstadt

Architekt: Rolf A. E. Ziffzer, Wiesbaden

Bauherr: Magistrat der Stadt Wiesbaden

1956

Stahlbetonfachwerkbau als Ersatz für den kriegszerstörten Flügel des Polizeipräsidiums. Auf das Wesentliche beschränkte Rasterfassade mit stehenden Fensterformaten sowie auskragendem Flachdach bei Verzicht auf ein zeittypisch zurückgesetztes Dachgeschoß. Im Erdgeschoß finden sich hinter einem Kolonnadengang Ladengeschäfte.

Appartementhaus Vierjahreszeiten
Wilhelmstraße, Innenstadt

Architekt: Rudolf Dörr

1958/64

An der Stelle des früheren Hotels Vierjahreszeiten baut Rudolf Dörr das Appartementhaus Vierjahreszeiten. Damit knüpft er auch baulich-gestalterisch an die Tradition des Zais'schen Hotels wieder an. Die zeitgemäßen Stilmittel sind kubische Baukörper mit eingeschnitten und mit Werkstein verkleideten Loggien. Das Haus rundet die Blockrandbebauung an der Wilhelmstraße und zum Kaiser-Friedrich-Platz ab. Der zweite Bauabschnitt von 1964 faßt den Platz zwischen den Vierjahreszeiten und dem Nassauer Hof. Über eine breite Treppenanlage werden die Niveauunterschiede überwunden. Gleichzeitig wird mit dem Gebäude die Straße An den Quellen räumlich geschlossen.

Sporthalle
Klarenthaler Straße 28
Innenstadt

Architekt: W. Goes und G. Dröge, Salzgitter

Bauherr: Landeshauptstadt Wiesbaden

1959

Bei der Forderung, eine Fläche von 42,2 x 22 m zu überdecken, sahen die Architekten eine Hallenkonstruktion vor, die in ihrer Querschnittsform der Balistik entnommen ist. Die Kurve des Bodendaches entspricht der Ballwurflinie. Die Halle bleibt in Form und Kurvenverlauf der Binder bis zum Terrainanschnitt frei sichtbar; Nebenräume und Tribüne sind als Scheiben miteinander verbunden und in die Halle eingeschnitten.

Wohnhaus
Höhenstraße 32
Sonnenberg

Architekt: Ludwig Wilhelm Lehr

Bauherr: privat

1960

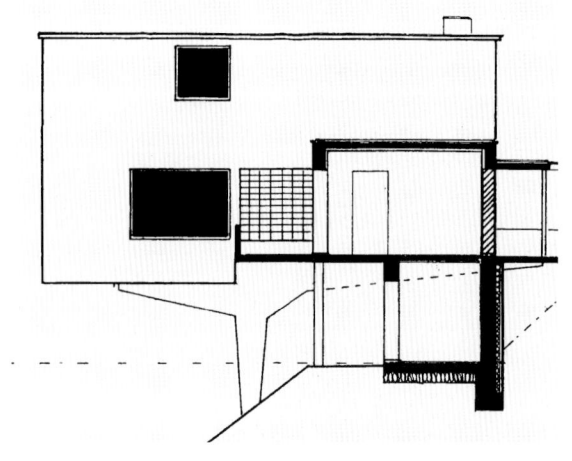

Ludwig Wilhelm Lehr, ein Wegbereiter des Neuen Bauens zwischen Frankfurt und Wiesbaden, schuf hier – 66jährig – im Tennelbachtal eines seiner hervorragenden Spätwerke. Auf felsigem Untergrund ruht der weiß verputzte Kubus mit seinem klassisch anmutenden Fensterband auf drei Stahlbetonrahmen, die ihn elegant nach Südwesten hin in der Schwebe halten.
Inzwischen baulich verändert trotz Eintragung als Kulturdenkmal.

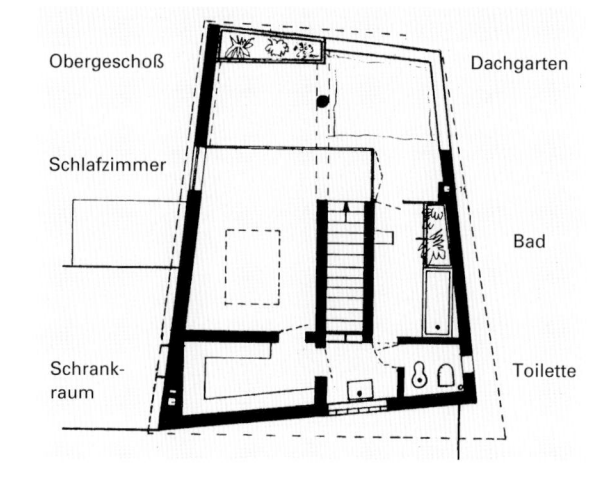

Heilig-Geist-Kirche
Am Kupferberg 2
Biebrich

Architekt: Herbert Rimpl

Bauherr: Heilig-Geist-Gemeinde

1960

Mit dem Neubau für die Heilig-Geist-Gemeinde in Biebrich schuf Rimpl den architekturhistorisch bedeutendsten Sakralbau der fünfziger Jahre in Wiesbaden. Das dynamische Gewölbe mit diversen Parabelformen wird im Innern mit Beton-Rippen gegliedert. Die räumliche Wirkung wird weiter durch die horizontale und Verjüngung zum Altar hin gesteigert. Hinter diesem wölbt sich wie eine gewaltige Schale der Chor empor: er erhält sein Licht von einem Lichtband, das für die Gemeinde unsichtbar zwischen Kirchenschiff und Chormuschel eingespannt ist. Haupt- und Seitenfronten werden von tiefem Betonstein-Mauerwerk ausgefüllt, die zum Teil als Fenster mit farbigem Glas ausgeführt sind. Die grün patinierte kupfergedeckte Dachschale erhöht die expressive Dynamik des Gotteshauses. Über eine Freitreppe gelangt man zum vier Meter hoch liegenden Kirchenraum. In der Unterkirche liegt der Gemeindesaal, Jugendzimmer, Geräteraum, Teeküche, Sakristei und Technikräume. Der Turm wurde als eigenes Bauwerk neben der Kirche als Stahlbetonbogen errichtet, der im obersten Teil die Glockenstube beherbergt.

Als „Kraftwerk Gottes" durch den Volksmund tituliert, gilt die Heilig-Geist-Kirche als eines der wenigen Beispiele des organisch-expressiven Bauens in Wiesbaden.

Die sechziger Jahre – Wachstum und Visionen

Paulgerd Jesberg
Dipl. Ing.
Regierungsbaumeister,
Baudirektor a. D.

Situationen

Glücksfall

Trotz Verfall von über 20 % der Bausubstanz hatte Wiesbaden den Charme der Kurstadt des 19. Jahrhunderts behalten und zur Kongreßstadt ausgebaut. Die wichtigsten Bauten der Verwaltung, für Kultur und Bildung waren mit sparsamen Mitteln und zurückhaltend modern wieder aufgebaut worden. Die Finanzierungsmöglichkeit nach dem 1. Wohnungsbaugesetz ließ viele Baulücken schließen und neue Wohnungsbauten entstehen. Die Altbausubstanz der großen Wohnungen war in kleine Wohneinheiten unterteilt, hoffnungslos überbelegt und sanierungsbedürftig.

Wiesbaden hatte sich trotz allem eine Wohnqualität bewahrt, die vielen Menschen aus dem Osten Deutschlands anzog, die sich hier eine neue Existenz aufbauen wollten. Über 20.000 Angehörige der US-Besatzungsmacht lebten in beschlagnahmten Wohnungen oder in den neu erstellten Wohnquartieren. Seit 1963 nutzte das 1961 gegründete ZDF die Filmstudios „Unter den Eichen" und zog ebenfalls viele Menschen nach Wiesbaden. 40.000 Wohnungssuchende erwarteten 14.600 Wohnungen in Wiesbaden, davon standen 6.100 auf der Dringlichkeitsliste des Wohnungsamtes, das nur noch den Mangel verwalten konnte.

Die intensive Nutzung einer vorhandenen und noch intakten städtebaulichen Substanz ließ eine zweite Zerstörungswelle an Wiesbaden vorbeigehen, die den Wiederaufbau deutscher Städte begleitete. Das war ein Glücksfall, der verhinderte, daß ein zeitbedingter Wiederaufbauwille einsetzte, der von rationalen funktionalen und sozialen Gesichtspunkten bestimmt war und andernorts mehr an historischer Bausubstanz und gewachsener Stadtstruktur vernichtete, an emotionalen Werten untergehen ließ, als Kriegszerstörungen vorher verursacht hatten.

Widerstand

Der Wiederaufbau der deutschen Städte war von stadtebaulichen Ideologien begleitet. „Die funktionale Stadt", eine Forderung der CIAM aus dem Jahre 1933, von Le Corbusier stark beeinflußt, verlangte eine streng funktionale Zonengliederung in Arbeiten, Wohnungen und Verkehr mit Grüngürteln zwischen den Funktionsgebieten. Deshalb konnte die Botschaft der Interbau von 1957 mit der Propagierung der „aufgelösten und durchgrünten Stadt" voll durchgreifen und die Stadtentwicklung und Zonierung der Stadt in Wohnen, Arbeiten, Erholen, zwang zu vermehrtem Verkehr. Die „verkehrsgerechte Stadt" sollte das Verkehrschaos in den Städten aufheben und das Wohnen im Umland erstrebenswert zu machen. Die Folge war ein Netz von Verkehrsschneisen, die rücksichtslos und eindimensional gedacht die gewachsenen Innenstädte zerfraßen, der Bau von Parkhäusern, die den ruhenden Verkehr aufnahmen. Beiden wurden die Identität gewachsener städtebaulicher Situationen zum Ofer gebracht. Autobahnmäßig ausgebaute Umgehungsstraßen und Verkehrsringe umschlossen die Innenstädte, erfaßten Stadterweiterungen und neue Siedlungsbereiche.

Der Bau von Trabantenstädte brachte neue verkehrs- und versorgungstechnische, soziale und humane Probleme. Die erste größere Siedlungseinheit entstand seit 1962 mit der „Neuen Vahr" bei Bremen (May/Reichow/Säume/Hafemann). Kurz darauf setzten 1963 die Baumaßnahmen zum „Märkischen Viertel" in Berlin (Düttmann, Heinrichs, Müller) ein, die Wohnungen für 60.000 Menschen bringen sollte. Die Planungen für die neue „Stadt Wulfen" (Eggelin) begannen ebenfalls 1963. Ein gigantischer Baumarkt entwickelte sich, den die gewerkschaftseigene „Neue Heimat" und viele andere, teils private teils öffentliche Baugesellschaften beherrschten. Sie lenkten mit der Ideologie vom „Schöner Wohnen" Wohnbedarf und Nachfrage, bestimmten das Wohnungsangebot ohne Rücksicht auf Wohnqualität unter Einsatz gewinnbringender marktwirtschaftlichen Strategien. Die Baugeschichte der „Nordweststadt" bei Frankfurt beleuchtet charakteristisch für die Zeit den Verlust von ideeler Substanz im Städtebau, wie die humane Idee von der „Raumstadt", mit der Walter Schwagenscheid und Tassilo Sittmann den Wettbewerb 1959 gewonnen hatten, unter dem rationalistischen, funktionalen und ökonomischen Diktat der Macher in den Baugesellschaften verloren geht.

Die Kritik an den Auswirkungen des Städtebaus der Nachkriegszeit wächst. Wolf Jobst Siedler setzt 1964 mit seinem Band „Die gemordete Stadt" und den bedrückenden Aufnahmen von Elisabetz Niggemann und Gina Agreß Zeichen zum notwendigen Umdenken. Alexander Mitscherlich ruft 1965 in der Schrift „Die Unwirtlichkeit der Städte, ein Pamphlet" zum offenen Widerstadt gegen Rationalität und Selbstsucht der Macher, gegen die Herzlosigkeit und Unwirtlichkeit der neuen Bauweisen auf. Er prangert die Selbstzerstörung unserer städtischen Kultur, die funktionsfähige Gliederung menschlicher Bezüge und sozialer Beziehungen an und stellt fest: „...so haben die Planer hier vollkommen versagt. Ihr Dilettantismus scheint hoffnungslos." (S. 43). Das Aufbegehren der 68er Studenten gegen die Fehlleistungen der Vätergeneration kündigt sich damit an.

Das Neue Wiesbaden

Siedlungsplan

Zu Beginn der sechziger Jahre zwang die Wohnungsnot zu einem Siedlungsbau, der die in Randlage bestehenden Stadtstrukturen aufnahm und erweiterte. In kurzer Bauzeit konnten am Ortsrand von Erbenheim 1.200 Wohnungen „Am Hochfeld" gebaut werden. Familienheimsiedlungen entstanden in Wiesbaden-Dotzheim am Langendellenschlag, im Märchenlang und am Lilienweg.

Auf dem Gräselberg entstand Anfang 1960 die erste größere Siedlungseinheit mit 1.200 Wohnungen. Die herrliche Wohnlage mit Blick auf den Rheingau entschädigte für manche anfängliche Mängel.

Um die innerstädtischen Probleme zu lösen und zukünftige Entwicklungen zu planen, suchte Wiesbaden 1961 mit der Berufung von Ernst May zum „Planungsbeauftragten" Anschluß an den städtebaulichen Fortschritt. Ernst May (1886–1970) kam aus der Tradition der Moderne der zwanziger Jahre, in denen er als Dezernent für Hochbau und Siedlungsbau von 1925 bis 1930 in Frankfurt wirkte. Zwischen 1930 und 1934 arbeitete er als Städteplaner in der Sowjetunion und lebte 1934 bis 1954 als Farmer und Architekt in Afrika. Nach der Rückkehr in die Bundesrepublik beschäftigten ihn die städtebaulichen Planungen von Neualtona und die bereits erwähnte Großsiedlung „Neue Var", bei Bremen, ebenso die Generalbebauungspläne von Bremerhaven und Mainz.

Ein Jahr nach der Beauftragung mit der Gesamtplanung für „Das neue Wiesbaden" durch die Stadtverordnetenversammlung der Landeshauptstadt am 16.10.1961 gibt Ernst May am 5. Juli 1962 einen Zwischenbericht. Seine Vorschläge bestimmen die weiteren Siedlungsplanungen, während die Vorschläge zur Innenstadtsanierung widersprechende Diskussion auslösen.

Die Siedlung Klarenthal soll mit 4.000 Wohnungen für insgesamt 14.000 Einwohner errichtet werden. Die Planung besteht aus

Skyline von Klarenthal

Die sechziger Jahre – Wachstum und Visionen

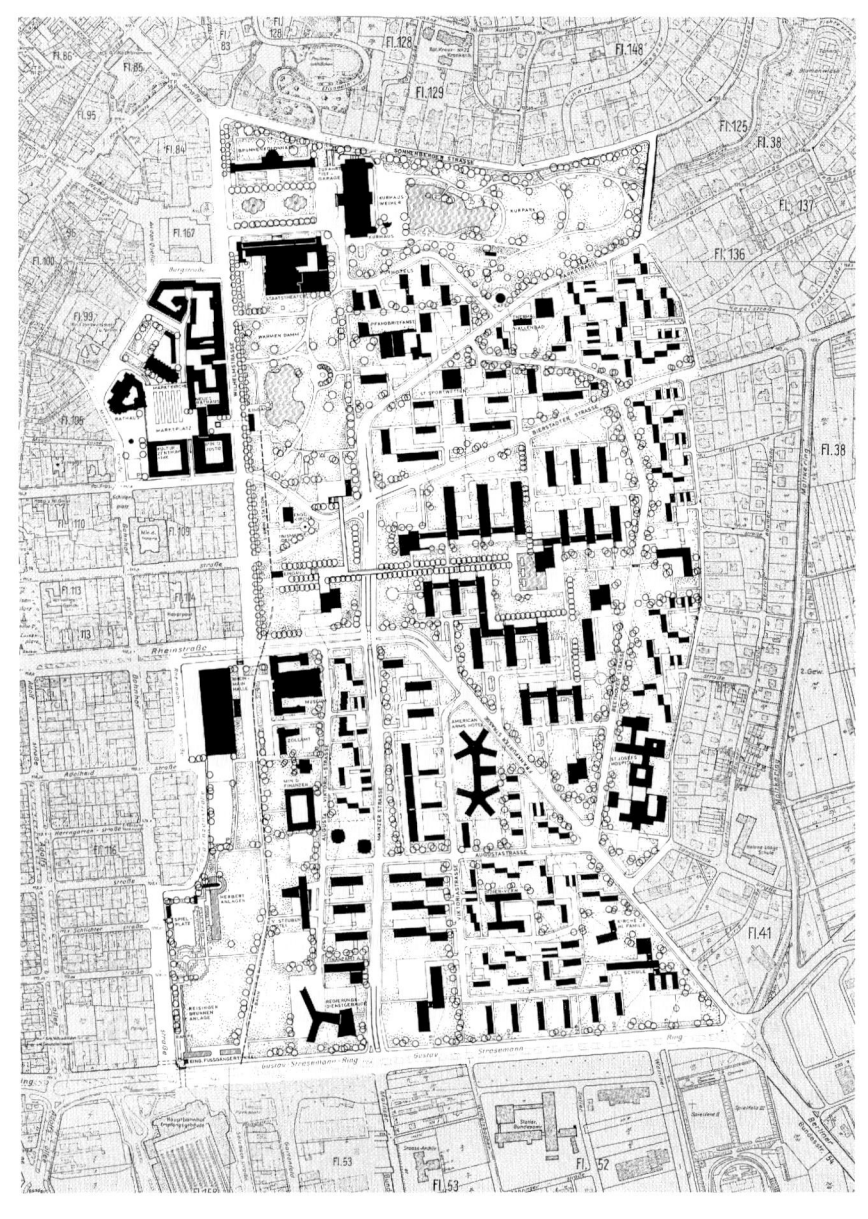

Neuplanung „City-Ost"
Ernst May:
Das neue Wiesbaden,
1962

drei- bis viergeschossigen Baugruppen, die von achtgeschossigen Bauten durchsetzt und von fünf zwölf- bis sechzehngeschossigen Punkthäuser überragt werden. Die Siedlungsplanung setzt auf eine markante Fernwirkung der Stadtsilhouette, während die Bebauung im Inneren dem gängigen Siedlungsbauschema der offenen Raumstrukturen folgt. Die Nassauischen Heimstätte, Wohnbau Wiesbaden und GENO 50 beginnen 1964 mit dem 1. Bauabschnitt.

Die Siedlung Schelmengraben mit 2.400 Wohnungen für 8.350 Bewohner soll aus dem bestehenden Ortsteil herauswachsen und von der Gewobag gebaut werden. Die Siedlung „Am Parkfeld" in Wiesbaden-Biebrich ist mit 1.300 Wohneinheiten für 5.000 Bewohner geplant und im „Wolfsfeld" in Wiesbaden-Bierstadt sollen weitere 1.000 Wohnungen entstehen. Diese Vorhaben sind alle im Laufe der sechziger Jahre in Angriff genommen und abschnittsweise verwirklicht worden. Nur die Planungen einer Siedlung im Tennelbachtal und auf den Höhen gegenüber von Sonnenberg für den Bau von Eigenheimen wie die Vorstellungen von einer Nord-Ost-Stadt, die sich in vier Teilstücken um Hessloch bis nach Kloppenheim erstrecken sollte, sind nicht zum Tragen gekommen.

Abrißsanierung

Das Villengebiet östlich der Paulinenstraße, ein von historischen Wohnbauten geprägter Stadtbereich, umgeben von Parkstraße, Alwinenstraße über Mainzer Straße und Frankfurter Straße bis zum Stresemann Ring, sollte einem hoch verdichteten Baugebiet unter der Bezeichnung „City-Ost" weichen, um einen aufgrund von Strukturanalysen ermittelten Bedarf für Verwaltungen privater und öffentlicher Art zu decken.

Sofort setzte ein Erosionsprozeß von Immobilien ein, der Grundstücksverkäufe bewirkte und dabei historische Bausubstanz abbruchreif zerfallen ließ. Die Planungen für die Hochhausbauten Ecke Mainzer Straße/Rheinstraße und am Berliner Platz setzen Markierungen künftiger Entwicklungen. Das Projekt einer Osttangente, die den Vollausbau der Mainzer Straße und Frankfurter Straße vorsah und den Durchbruch zur Parkstraße mit Anschluß nach Sonnenberg und ins Aukamm herstellte, sollte den Kurbezirk vom Verkehr entlasten, gleichzeitig die fehlende östliche Verbindung der Stadtumgehung herstellen.

Die Generalplanung „Das Neue Wiesbaden" schlug vor, das innerstädtische Sanierungsproblem des dicht bewohnten und historisch besetzten Bergkirchenviertel durch Abriß und Wiederaufbau nach den Grundsätzen der aufgelockerten durchgrünten und verkehrsgerechten Stadt zu lösen. Eine Bebauung aus zwei- bis achtgeschossigen Miethäusern, durchsetzt mit zwölf- bis achtzehngeschossigen Hochhäusern hätte die Identität eines alten Wiesbadener Stadtbezirks zerstört.

Die Verkehrsplanung in diesem Stadtbereich sah eine Verbindung von der Schwalbacher Straße über die Coulinstraße vor und verbreiterte die Saalgasse bis zur Taunusstraße, um den Verkehr vom Geisberg her aufnehmen und um das historische Fünfeck herumzuleiten. Aufgrund dieser planerischen Absichten fiel 1968 die Entscheidung zum Bau der Hochstraße am Michelsberg, die den Verkehrsknoten Michelsberg entlastet und eine direkte Verbindung zur Emser Straße herstellt.

Nicht der Ausbau des Dernschen Geländes bis zur Friedrichstraße und Wilhelmstraße zum Stadtzentrum mit Marktplatz und Erweiterungsbauten zum Rathaus weckte den Widerstand in der Öffentlichkeit, sondern der geplante Abriß des „Schiffchens" (Abb. siehe nächste Seite), der Bebauung von Wagemannstraße und Grabenstraße zwischen Marktstraße und Goldgasse. Dieser alte Stadtteil mit beliebten Wiesbadener Lokalen durfte nicht der Beliebigkeit eines Parkhauses geopfert werden, das nur für die Aufnahme des ruhenden Verkehrs für Langgasse und den Neubau des Landtages gedacht war.

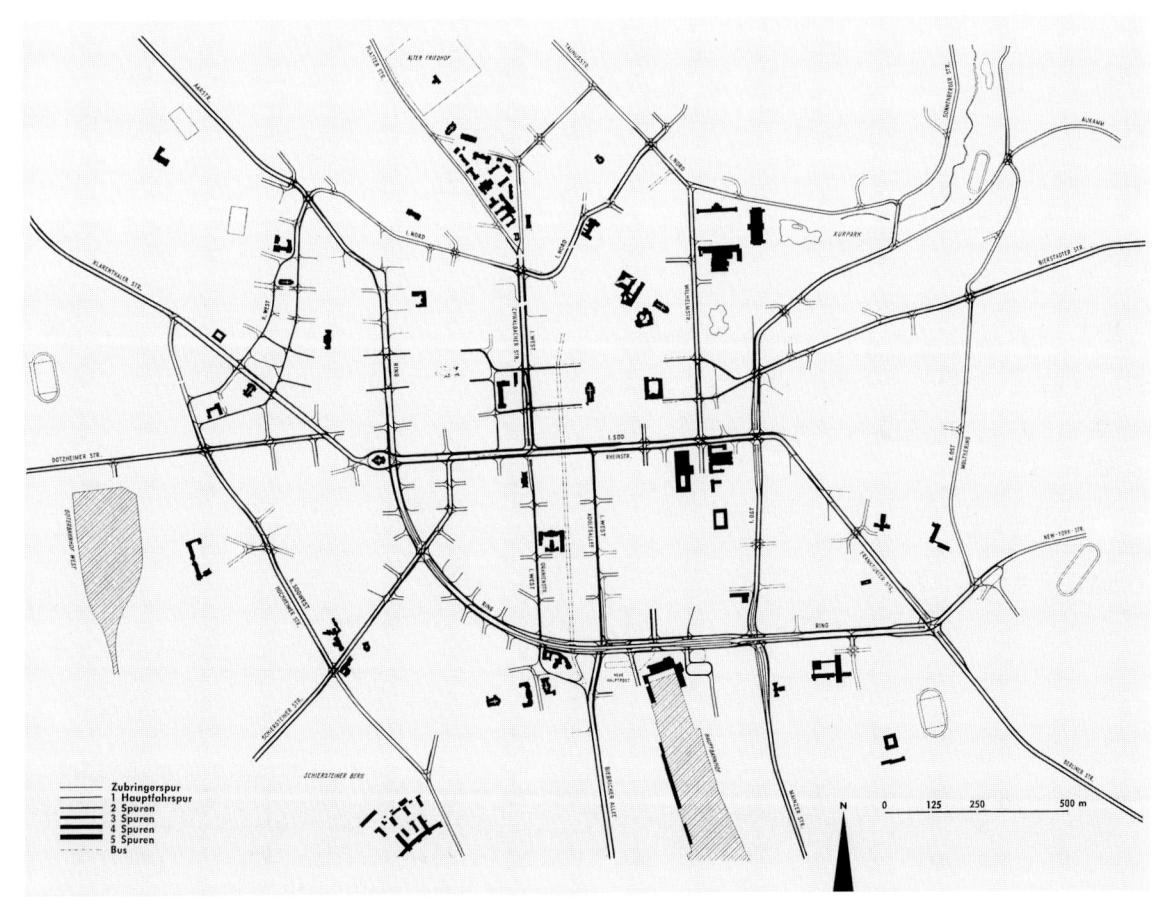

Innere Tangenten

Die sechziger Jahre –
Wachstum
und Visionen

Nach der Planung von Ernst May
sollte die nordwestliche Bebauung
an der Grabenstraße zugunsten
eines Parkplatzes abgerissen
werden.

Neues Bauen

Verwaltungsbauten

Ohne Rücksicht auf die klassizistischen Tradition Wiesbadens entstand am Ende des historischen Fünfecks, als „Point de vue" der Wilhelmstraße ein Hochhaus der Raiffeisen-Versicherungen, das den Blick auf den das Stadtbild bestimmenden Taunusausläufer verstellt. Der Bau von Abeck, Ernst, Fischer, Rathai, 1966 begonnen und 1971 fertiggestellt, folgt mit vertikal strukturiertem Baukörper und Vorhangfassaden den Vorbildern nach internationalem Standard, die Hentrich und Petschnigg mit dem Thyssen-Hochhaus und Schneider-Esleben mit dem Mannesmann-Hochhaus, beide in Düsseldorf, bereits 1960 gesetzt hatten. Der Hochhausbau gab industrieller und wirtschaftlicher Macht der Unternehmen in Form und Gestalt. dem auch das Raiffeisen-Hochaus demonstrativen Ausdruck gibt. Obwohl das Hochhaus beachtliche architektonische Qualität besitzt, wird es an diesem neuralgischen städtebaulichen Ort ein unangemessener Fremdkörper bleiben.

Das andere Hochhaus, zwölfgeschossig und dreiflüglig ausstrahlend, steht gegenüber dem Hauptbahnhof am Gustav-Stresemann-Ring und besitzt eine Offenheit die der unausgesprochenen Situation zwischen Reisinger-Anlagen, Bahnhofvorplatz entspricht und dem angrenzenden aufgelockerten Baugebiet mit offenen Armen entgegentritt. In das ursprünglich für das Regierungspräsidium Wiesbaden von Hans Schäffer, Frankfurt, geplante und von der Staatsbauverwaltung stellte Hochhaus, das durch seine rhythmische Flächigkeit aus Wand und Fenster eigenwilligen Charakter besitzt, zieht 1968 der Hessische Minister des Inneren ein.

Das 1960 fertiggestellte Finanzministerium an der Friedrich-Ebert-Allee besitzt jene einfühlende und rücksichtsvolle Zurückhaltung, die gute Bauten auszeichnet, die zu Ende der fünfziger Jahre geplant wurden und noch einen ausgeprägten Sinn für liebevolle Details und angemessene Gestaltung besaßen. 1961 kommt der Bau der Zusatz-Versorgungskasse des Baugewerbes an der Salierstraße zum Abschluß, der von der Architekten-Arbeitsgemeinschaft Scheu und Eichstaedt, Stuttgart/Frankfurt, errichtet wurde. Der Bau besitzt eine gestalterische Ehrlichkeit, die in der Entsprechung von verwaltungsmäßiger Benutzung zur konstruktiven Durchbildung der Fassaden und zur ruhigen baukörperlichen Gliederung zum Ausdruck kommt.

Einen besonderen Rang im Baugeschehen von Wiesbaden nimmt der 1962 fertiggestellte Bau des Hessischen Landtages mit Plenarsaal ein. Eingebunden in die historische und repräsentative Substanz des Nassauischen Stadtschlosses, 1846 von Georg Moller errichtet, lebt der Landtag aus der gestalterischen Qualität der denkmalpflegerisch wieder hergestellten Räumlichkeiten. Die einzige sichtbare neue Fassade richtet sich bedeutungslos zur Grabenstraße und belastet heute das Straßenbild. Daß beim Bau des Plenarsaales der Verlust der Reithalle, die von Georg Moller in frühem Gußeisen gestaltet und von Dehio hoch gelobt wurde, vielleicht nicht gerade gedankenlos, auf alle Fälle aber billigend in Kauf genommen wurde, wirft einen bemerkenswerten Blick auf das Selbstbewußtsein der jungen Demokratie in dieser Zeit und in diesem Land, die geliehene Repräsentation nutzte, ohne historische Verantwortung zu übernehmen.

Wohn- und Geschäftsbauten
Unter der Vielzahl von Wohn- und Geschäftshäusern, die in Wiesbaden entstehen, beispielhaft an der Ecke Luisenstraße/Bahnhofstraße oder an der Bierstadter Höhe, gewinnt die Fertigstellung des 2. Bauabschnitts der Vierjahreszeiten 1964 besondere Bedeutung. Die Gestaltung des Kaiser-Friedrich- und Kurplatzes findet seine innenräumliche Fassung. Die Webergasse und die Straße an den Quellen erhält ihren Abschluß und mit einer großzügigen Treppenanlage einen ebenerdigen Durchgang zum Kurplatz. Der Verbindungsbau an der Burgstraße ist so niedrig gehalten, daß die Sichtverbindung zwischen Kurplatz und Marktkirche erhalten bleibt.

Unter den reinen Wohnungsbauten gibt es zwei außergewöhnliche Ereignisse. Das ist einmal die Stadterweiterung Thorwaldsenanlage, ein langgedehnter Straßenzug am Rande der Innenstadt im Übergang zum Freizeitgebiet „Unter den Eichen", dessen Bebauung durch eine großzügige Grünanlage einen besonderen Wohnwert erhalten hat. Wichtiger noch ist, auf einen neuen Wohnungstyp, das Terrassenhaus hinzuweisen. An der Wilhelminenstraße (Baitinger, Stuttgart und Laubach, Mainz) und im Nördlichen Nerotal (Wilke und Kalkhoff, Wiesbaden) entstehen 1969 Wohnbebauungen, die sich mit vorgelagerten und versetzt gestaffelten Terrassen der natürlichen Hanglage anpassen. Sie folgen damit der Idee des Hügelhauses, das 1966/67 von der Architektengruppe Frey, Schröder, Faller in Stuttgart entwickelt und gebaut wurde, das Terrassenwohnungen unterschiedlicher Größe sattelförmig stapelten. In den bevorzugten Wohngegenden in Sonnenberger Bereichen, am Birnbaum oder Am Allersberg, ebenso im Nerotal oder im Komponistenviertel sind beispielhaft hervorragende Einfamilienhäuser entstanden, die lohnen, beachtet zu werden.

Schulen
„Die deutsche Bildungskatastrophe" hatte 1964 Georg Picht (1913–1982) ausgerufen. Erst danach formierten sich um das Schlagwort vom Bildungsnotstand die Kulturpolitiker im Bemühen um Chancengleichheit im Bildungswesen und Erhöhung der Abiturientenzahlen. Der Problemkomplex um die Gesamtschule wurde erst gegen Ende der sechziger Jahre geboren. Die Schulbauten in Wiesbaden in diesem Dezennium spiegeln deshalb aufschlußreich eine Übergangssituation, die zur völligen Umstrukturierung des Bildungssystems und zum Bau von Gesamtschulen führt.

Die „schönste Schule Wiesbadens" steht in Frauenstein. Rainer Schell hat die so apostrophierte Alfred-Delp-Schule 1960 fertiggestellt. Sie schmiegt sich in die landschaftlich gegebene Situation ganz selbstverständlich ein, und besitzt alles, was schulische Anforderungen bis hin zur Turn- und Veranstaltungshalle erwarten.

Das Wachsen der Stadtrandsiedlungen und der Zuzug junger Familien verlangen nach notwendigen Schulbauten. Sie folgen zuerst dem bewährten Schustertyp, das ist eine mehrgeschossige Anlage, in der ein Treppenhaus jeweils mehrere Klassenzimmer direkt erschließt. Beispielhaft sei hier die 1963 erstellte Ludwig-Beck-Schule für die Kinder aus der Siedlung Gräselberg erwähnt. Das Berufsschulzentrum an der Brunhildenstraße erhält zwischen 1961 und 1967 weitere Bauten. Auf die Kerschensteiner-Schule von 1958 folgt die Schulze-Delitzsch-Schule für kaufmännische Berufe. Ein Bauquadrat mit Innenhof nimmt die Friedrich-List-Schule mit allen Arten von Handelsschulen bis zum Wirtschaftsgymnasium ein. Die kaufmännische Berufsschule III, die Hans-Böckler-Schule,

Die sechziger Jahre – Wachstum und Visionen

umfaßt einen fünfgeschossigen Quertrakt. Dazwischen liegt die für beide Schulen bestimmte Aula.

Auf den Höhen an der Lahnstraße zeigt sich seit 1967 selbstbewußt das Diltey-Gymnasium. Ein viergeschossiger Klassentrakt liegt über einem darunter geschobenen, teils zweigeschossigen Flachbau mit Räumen für den naturwissenschaftlichen Unterricht. Ein Bibliotheksbau ist der Baugruppe angehängt. Nachhaltig unterstreicht die bauliche Anlage den gymnasialen Bildungsanspruch, der von Einfachheit und Klarheit der Baumassengliederung und der architektonischen Gestaltung zum Ausdrucks gebracht wird. Erstmals wurde bei diesem Bau ein Fertigteilsystem eingesetzt, das vorgefertigte Wand- und Deckenplatten benutzt.

Damit beginnt eine neue Ära der Schulbaumethoden, die von der Vorstellung ausgeht, daß mit vorgefertigten Bausystemen kürzere Bauzeiten und geringere Kosten erreichbar wären. Damit werden die von der Staatsbauverwaltungen und der Bauindustrie entwickelten Bausysteme für Universitätsbauten teils übernommen, weiterentwickelt und eingesetzt.

Das „Marburger Bausystem", das mit kleinen Bauelementen arbeitet, die zu Baustrukturen zusammengesetzt werden können, war das erste Fertigteilsystem, das 1961 auf den Lahnbergen bei Marburg erprobt wurde, breite Beachtung fand, sich aber nicht auf dem Markt durchsetzen konnte. 1962 hatten Hentrich und Petschnigg, Düsseldorf, den Wettbewerb für die Ruhr-Universität Bochum gewonnen. Sie entwickelten ein Fertigteil-Bausystem in einer Mischbauweise aus Stahlstützen und Stahlbeton-Deckenplatten, das nur in Bochum zum Einsatz kam und danach aus dem Anwendungsbereich verschwand. Weitgehend durchgesetzt hatte sich das Stuttgarter Bausystem, von der Staatlichen Bauverwaltung Baden-Württemberg entwickelt, das breiten und einfache Anwendungsmöglichkeiten bot, in Spielarten der Bauindustrie übernommen und weiter entwickelt wurde.

Die vom Städtischen Hochbauamt Wiesbaden 1964 vorgestellte Einheitsturnhalle, Typ Wiesbaden, erstmals im Berufschulzentrum Brunhildenstraße eingesetzt, war ein frühes Kind dieser Fertigteil-Montage-Baumethode. Mit der Planung der ersten Gesamtschule in Wiesbaden, dem Bildungszentrum am Moltkering, kam das Bauen mit Stahlbeton-Fertigteilsystemen voll zum Tragen.

1966 beschließt der Magistrat den Bau des 1. Bauabschnitts mit 27 Klassen für ein Gymnasium, dem dann der weitere Ausbau mit Realschule, Hauptschule, Förderstufe und Grundschule folgen. Die Verflechtung der herkömmlichen Schulformen zu einem aufeinander abgestimmten und untereinander durchlässigen Bildungsangebots unter einer Leitung soll je nach Begabung vielfältige Bildungswege öffnen.

Im Bau der Gesamtschule am Moltkering spiegelt sich die geistige Haltung einer Zeit des Umbruchs, die aus der Phase eines mehr restaurativen Wiederaufbaus nach dem Kriege heraustritt und sich neuen Aufgaben im Bildungswesen, im Sozialen und Gesellschaftspolitischen stellt. Ein Denken in Systemen und Strukturen, das von Rationalität und Funktionalität und Variabilität sich ausdrückt und im Glauben an die Beherrschbarkeit der Technik und Verfügbarkeit derer Mittel verharrt, findet die Architektur und Städtebau Entsprechung. Die Folgeerscheinungen werden im Verlust von Stadt und sinnstiftendem Ort, im Verlust des Humanen, Poetischen und Emotionalen in der Architektur und im Mangel an Lebensqualität nur allzu deutlich.

Kirchenbauten

Die Kirchenbauten der sechziger Jahre in Wiesbaden zeigen beispielhaft die Entwicklung vom Beginn über Krisis bis zum Ende des Kirchenbaues in den Nachkriegsjahren auf. Die Kirche St. Mauritius von Martin Braunstorfinger an der Abeggstraße / Schumannstraße (1960), die Matthäuskirche von Neuser an der Daimlerstraße in Wiesbaden-Dotzheim (1961), vor allem aber die Thomaskirche an der Richard-Wagner-Straße von Rainer Schell (1964) besitzen in ihrer zurückhaltenden Einfachheit der Gliederung, in der Zuordnung von Kirche und Glockenturm und in der Klarheit architektonischer Gestaltung jene angemessene Bescheidung, die Auftrag und Wesen der Kirche in der Zeit entspricht und die Nachkriegsentwicklung im Kirchenbau fortsetzt. Aus dem Mangel an Bauaufgaben, die nach besonderer architektonischer Gestaltung verlangen, sehen Architekten im Kirchenbau die noch verbleibende Möglichkeit zu individueller baukünstlerischer Entfaltung. Johannes Jackel nutzt die Chance, mit der Kirche Mariä Heimsuchung an der Helmholtzstraße im Kohlheck (1966) mit architektonischen Mitteln ein weithin sichtbares städtebauliches Zeichen zu setzen. Zwei dreieckige Scheiben erheben sich wie ein Schiffsbug aus dem Meer der baulichen Umgebung zu einer symbolischen Geste, die das Wesen der Kirche zum Ausdruck bringt.

Die Suche nach neuen Ausdrucksformen im Kirchenbau prägt den Bau der Heilig-Geist-Kirche von Prof. Rimpl an der Drususstraße. Ihr überzogener Gestaltungsanspruch läutete bereits 1961 die Krisis ein, die zum Ende des Kirchenbaus in der Nachkriegszeit führt. Die Hülle des Kirchenschiffs, aus einem Parabelbogen gebildet, kommt aus dem Ingenieurbau und dem Schalenbau. Die Netzwerkfüllungen aus Betonfertigsteinen hat Egon Eiermann zuerst mit den Kirchenbauten in Pforzheim und später mit der Gedächtniskirche in Berlin vorgeführt. Die theatralischen Wirkungen, die der stockwerkshohe gradläufige Treppenaufgang, die Wegführung durch das Kirchenschiff und der sentimentale Lichteinfall im Altarraum beabsichtigen, führen letztlich in die Leere einer architektonischen Formensprache, die mit Gottesdiensthandlung und Wortverkündung nicht gefüllt werden kann. Der großen Geste der demonstrativ aufgerichteten Glockenturm läßt Architektursprache zur Bedeutungslosigkeit gerinnen.

In einem überzogenen Gestaltungswillen sind neben anderen Ursachen die Gründe zu suchen, die zum Abschluß der Dekade 1969 den Evangelischen Kirchenbautag in Darmstadt dazu führen, das Ende des Kirchenbaus zu bestätigen und den Neuanfang im Bau von Kirchenzentren zu suchen. Wie allenthalben geübt, soll ein flexibel und variabel nutzbares Geflecht von beliebigen Räumen dem sozialen und religiösen Auftrag kirchlicher Gemeindearbeit auch ohne einen Glockenturm dienen.

Ingenieurbau

Neue Impulse architektonischer Gestaltung kommen aus dem Industriebau und Ingenieurbau:

Die Funktionalität der Hochöfen der Dyckhoff-Zementwerke finden zu einer plastischen und ausdrucksstarken Gestalt, die das Rheinpanorama von Mainz Amöneburg beherrscht und die Einfahrt mit der Eisenbahn über die Rheinbrücken nach Wiesbaden begleitet.

Dem städtischen Hochbauamt ist mit dem Entwurf von Hans Helling zum Bau der Müllzerkleinerungsanlage (1968) ein großer Wurf gelungen. Die bauliche Gestaltung gewinnt aus dem Kontrast zwischen Zerstörungs- und Zerkleinerungswerk, der monolithischen Schwere der betonierten Unterbauten und der Leichtigkeit der darüber schwebenden Dächern eine Sprachfähigkeit, die Informationen über ökologische Vorgänge und Notwendigkeiten vermitteln.

Wenn von bemerkenswerten Bauten aus Leichtbeton gesprochen wird, steht an erster Stelle die 1967 fertiggestellte Dyckerhoff-Fußgängerbrücke am Schiersteiner Rheinhafen. Sie überquert die Hafenzufahrt und ermöglicht einen durchgehenden Rheinuferweg. Der leichte Bogen mit 93,40 m Stützweite und einem Bogenstrich von 12,00 m und ca. 16,00 m über Wasserspiegel ist das Werk des Bauingenieurs Dr.-Ing. Drs.-Ing. E. h. Ulrich Finsterwalder, Vorstandsmitglied der Dyckhoff & Widmann AG, und dem Architekten Dr.-Ing. Gerd Lohmer, der sich als Gestalter von Rheinbrücken einen Namen gemacht hat. Drei Neuerungen im Brückenbau haben mit diesem Musterbau Erprobung erfahren, der Freivorbau erlaubt ohne Behinderungen des Schiffsverkehrs aufgrund von Gerüstbauten weite Spannweiten zu überbrücken, die erstmalige Verwendung von Leichtbeton mit dem Zuschlagstoff Berwilit verringert das Betongewicht um ein Drittel, was sich auf die Weite der Öffnung und die Gewichte für die Gründung der Brücke günstig auswirkt, und schließlich bieten beide, die konstruktiven Fähigkeiten des Freivorbaus und die Verwendung von Leichtbeton gestalterische Möglichkeiten, die ein hohes Maß an Eleganz, Leichtigkeit und Plastizität im Ingenieurbau erreichen lassen.

Büro- und Lagergebäude
Konradinstr. 13
Erbenheim

Entwurf: R. Frei, C. Hunziker, Genf;
J. Denzinger, Wiesbaden

Bauherr: Bolomat Kegelautomaten
GmbH für AMF Deutschland

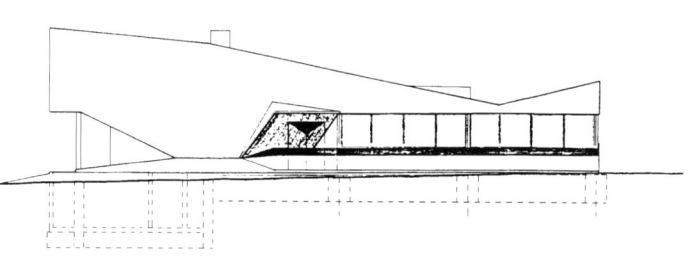

1960

18 Beschäftigte waren in diesem extravaganten Gebäude für Kundendienst, Lager und Verkauf von amerikanischen Kegelautomaten zuständig. Auf die eingeschossige rund 1200 m² große, durch Oberlichte beleuchtete Halle wurde ein kleiner Direktionskubus aufgesetzt, der nach Süden leicht kragt und über leuchtend rote Brüstungselemente verfügt. Der Vorsprung in der Eingangsfassade wurde durch eine schräg geschnittene Wand verblendet, sodaß sich zusammen mit dem Vordach des Haupteingangs das Bild eines Wals ergibt. Der Umbau des Gebäudes durch einen privaten Träger in ein Wohnheim für Asylbewerber 1992 hat vor allem die ursprünglich geschlossene Südfassade stark verändert.

Wohnhaus
Thorwaldsenanlage 79

Entwurf: W. Romberger,
Frankfurt/Main

Bauherr: privat

1960

Gestaffelt liegende Volumina schließen sich fast völlig nach Nordosten zur Straße und verbergen sich hinter einer langen Klinkerwand. Nur am Haupteingang öffnet sich die Fassade ein wenig, beschirmt von einer schweren, sich hinausschiebenden Platte. Die Schlafräume im Obergeschoß sind zurückgezogen und kragen auf Gartenseite, um den fließenden Räumen der Halle und des Wohn- und Eßzimmers Wetterschutz zu bieten.

Die Gartenseite beider Geschosse bildet eine großformatige Fensterfront.

Dienstgebäude des Hessischen Ministers der Finanzen
Friedrich-Ebert-Allee 8

Planung: Landesbauabteilung der OFD Frankfurt/Main mit Staatsbauamt Wiesbaden

1958–60

Die auf das Wiesbadener Stadtgebiet verstreut liegenden Dienststellen sollten nicht zuletzt aus Rationalisierungs- und Kostengründen in einem Neubau zusammengelegt werden. Dieser präsentiert sich als parallel zur Friedrich-Ebert-Allee und Auguste-Victoria-Straße gestreckter Atriumbau, der sich im Erdgeschoß mit Luftgeschossen zu den Straßen hin öffnet und eine durchgesteckte Ministerialvorfahrt erhält. Der Haupteingang spannt sich innerhalb einer großzügigen Lobby zwischen dieser Vorfahrt und dem Parkplatz für Bedienstete und Besucher wieder parallel zur Straße. Minimal aber doch merklich hebt sich die Bodenplatte vom begrünten Innenhof ab. Die vier Flügel werden, in den Ecken durch Treppenhäuser erschlossen, die in der Fassade Fenster- und Stirnseiten trennen. Die Stützen des Stahlbetonskelettes sind in Sichtbeton ausgeführt worden, Ausmauerungen der Fassade mit dunkelgrünem Glasmosaik belegt.

Im Krieg schwer getroffen, weisen die Grundstücke Wilhelmstr. 48 (ehemaliges Cafe Lehmann) und 50 eine wechselvolle Geschichte auf. Eine Bausperre, Zeichen für die projektierte städtebauliche Neuordnung des Bereichs Burg-/Wilhelmstraße, ließen nur Platz für ein 2geschossiges Provisorium. Lange Jahre vergeblich versucht die Umlegungsbehörde den Verteilungsplan „Umlegungsgebiet Innenstadt" durchzusetzen, bis der Bebauungsplan von 1957 die Fluchtlinien neu ordnet. Der Verbreiterung der Burgstraße fällt das halbe Eckgrundstück Wilhelmstr. 50 zum Opfer. Für die gewünschte großvolumige Planung (Hotel/Verwaltung) steht nur eine geringe Tiefe zur Verfügung. Schaeffer-Heyrothsberge kompensiert dies dadurch, daß er den Bau in der Burgstraße ab 1. OG überkragen läßt und damit den überbreiten Straßenraum für den Fußgänger durch Arkaden einnimmt. Durch Übernahme der Traufhöhen der jeweiligen Nachbargebäude entsteht ein langer, fünfgeschossiger Baukörper in der Grabenstraße, der von der Brandwand des sechsgeschossigen in der Wilhelmstraße gefaßt wird. Dem Bauplatz entsprechend edel wird die Stahbetonskelettkonstruktion mit Auerkalk verkleidet, die Brüstungen in dunkelgrünem Serpentin ausgeführt.

Büro- und Geschäftshaus
Wilhelmstr. 48 / Burgstr. 2-4

Entwurf: P. Schaeffer-Heyrothsberge, Wiesbaden

Bauherr: Deutscher Herold Volks- und Lebensversicherungs AG

1962

Plenarsaal des Hessischen Landtages
Grabenstraße

Entwurf: Staatsbauamt Wiesbaden

Bauherr: Land Hessen

1962

Der Bau ruht auf 80 Betonpfählen, die bis zu 10 m tief in den weichen Boden den Quellgebiets gegründet wurden. Im Untergeschoß finden sich Archivräume, Garderoben und die für die damaligen Verhältnisse hochmoderne Klimaanlage. Der neue, 23 m im Quadrat messende Sitzungssaal des Hessischen Parlaments erstreckt süch über beide Obergeschosse und ist von Büroräumen umgeben. In den sechziger Jahren zwar mit einem Architekturpreis ausgezeichnet, sprengt das Volumen des Baukörpers die kleinteilige Struktur der Altstadt. Pläne zur Verspiegelung der Fassade an der Grabenstraße zu Beginn der neunziger Jahre konnten glücklicherweise von der Stadt verhindert werden.

Bungalow
Am Birnbaum 43
Sonnenberg

Entwurf: M. Lauth, Wiesbaden

Bauherr: privat

1964

Das ehemalige Domizil des peruanischen Konsuls Ernesto Schneider liegt in einem exclusiven Villengebiet oberhalb der Burgruine Sonnenberg.
In klassischer, einfacher L-Form, fügt sich das Haus in die steile Geländeformation, spricht in der peruanischen Stelle bereits die Sprache des fernen Peru's, der Welt der Inkas, aus deren Kulturbereich der Bauherr seine Ein- und Ausdrücke herüberbrachte. Auch die Innengestaltung in der Synthese von moderner Architektur und antiken peruanischen Mustern wurde durch Architekt Lauth geplant. Die Außenhaut ist in schlichter schwarzer Marmorverschieferung gestaltet, das Dach als flache Kiesfläche großzügig über die großen Terrassen gespannt. Die Wohnbereiche und Terrassen des zweigeschossigen Bungalows öffen sich, abgeschirmt gegen die Erschliessungsstraßen zum Sonnenberger Tal und lassen den Beschauer die mystische Geborgenheit seiner Bewohner ahnen.

Ev. Thomaskirche
Richard-Wagner-Straße 88,
Sonnenberg

Entwurf: Rainer Schell, Wiesbaden

Bauherr:
Ev. Gesamtkirchengemeinde

1964

Die Kirchenanlage besetzt einen markanten Geländepunkt der Höhe oberhalb der Richard-Wagner-Straße. Die Beschränkung der Materialien auf Beton und Backstein, die schlichten Proportionen von Stütze und Träger im umlaufenden Arkadengang und im Kirchenraum selbst sind Beispiele einer Entwicklung zu betonter Einfachheit und Klarheit.

Zusatzversorgungskasse des Baugewerbes WaG
Salierstr. 6

Entwurf: A. Eichstaedt-W. Scheuch, Frankfurt / Main

1964

Das Grundstück weist zwischen Salier- und Wettiner Straße starkes Gefälle auf. Die Bebauung nimmt dies auf und spannt sich und die Erschließung zwischen den beiden Straßen in zwei miteinander verschränkten Volumina auf. Die beiden Baukörper öffnen sich nach Süden zu Erschließungsfläche durch Aufständerung des Erdgeschosses und geben den Blick auf jeweils einen großen Innenhof frei. Der Haupteingang wird dadurch markiert, daß das schwebende Erdgeschoß des unteren Gebäudeteils sich in der Schnittfläche beider Gebäudeteile absetzt und scheinbar den einzigen, bemerkenswerten Berührungspunkt des Gebäudes mit dem Erdboden darstellt. Die Konstruktionsweise des Stahlskelettbaus ist in den sichtbar vorgesetzten Fensterelementen konsequent umgesetzt worden. Die Aluminiumkonstruktion mit Natursteinausfachung in den Brüstungen addiert sich rhythmisch zu einem langen Band ohne langweilig zu wirken.

Paul-Gerhard-Kirche
Wenzel-Jaksch-Str. 1-3
Kohlheck

Entwurf: R. Dörr, Wiesbaden

Bauherr:
Ev. Gesamtkirchengemeinde

1964

Rudolf Dörr sah seine Aufgabe darin, einen dem fast dörflichen Siedlungsgebiet Kohlheck entsprechenden Baukörper zu schaffen, der sich gegenüber der zu erwartenden großen Baumasse des benachbarten Seniorenheimes behaupten konnte. Die Wahl der Baumaterialien, Bruchsteinmauerwerk, Holz und Schiefer unterstreichen den Charakter einer „Dorfkirche", die eigenwillige bugförmige Gestalt entspringt dem Willen zur Behauptung und ist Ausdruck der inneren Form: einander zugewandte Bankreihen resp. Gemeindemitglieder, die unter dem tief abgeschleppten Zeltdach vereint sind.
Der geplante, aber erst viel später und abgeändert ausgeführte Turm über quadratischem Grundriß wurde dicht an die Straßenkreuzung gesetzt, um den Vorplatz gegen die Straße abzugrenzen.

Ev. Matthäuskirche
Daimerlstr. 15

Entwurf: W. Neuser, Wiesbaden

Bauherr:
Ev. Gesamtkirchengemeinde

1965

Von fünf zur Teilnahme am Wettbewerb aufgeforderten Architekten ging der Architekt Neuser einstimmig als Sieger hervor. Er hatte sich zur Aufgabe gestellt, in klarer und einfacher Form die verschiedenen Baukörper zu gestalten und sie in einem harmonischen Verhältnis zueinander zu einer ansprechenden Einheit zu vereinigen.
„In dem klar gegliederten Innenraum, in dem Kanzel, Altar und Taufstein in einem übersichtlichen Verhältnis zueinander angeordnet sind, werden 430 Menschen Platz finden". (Wiesbadener Kurier).
Der etwa 25 m lange Kirchenraum aus massiven Betonwänden erhält sein Licht durch seitliche „Lichtkanonen", die als Annexe an die Außenwand angehängt sind. Das ursprüngliche, ornamentierte Milchglas mußte ausgewechselt werden, das Raster der Fenster wurde jedoch beibehalten.

Verwaltungsgebäude
Victoriastr. 51

Entwurf: F. Springer, Wiesbaden;
K. Forst, W. Diefenbach,
Wiesbaden

Bauherr: privat

1965

Das Gebäude wurde ursprünglich von einer Maschinenbaufirma dazu errichtet, Maschinen im 1. OG auszustellen und in den darüberliegenden vier Geschossen Einzimmerappartements für die Mitarbeiter anzubieten. Das Untergeschoß war größtenteils als Luftgeschoß zur Befriedigung des Stellplatzbedarfs ausgebildet. Die Organisation des Stahlbetonskelettbaus war prädestiniert für eine Umnutzung als zweibündiges Bürogebäude.

Bei diesem Umbau wurde das Erdgeschoß geschlossen und die ausfachenden Fensterelemente erneuert, die leider dem Skelettraster der Fassade etwas an Ausdruck nahmen.

Kath. Kirche Maria Heimsuchung
Helmholtzstr. 54
Kohlheck

Entwurf: J. Jackel, Berlin

Bauherr: Kath. Kirchengemeinde

1966

Als seiner Meinung nach notwendigen städtebaulichen Akzent plante der Architekt Jackel diesen massigen, knapp 43 m aufragenden Baukörper, der ihn als Symbolisten auszeichnet: Das Hauptkirchenschiff, ein gleichseitiges Dreieck soll die Heilige Dreifaltigkeit versinnbildlichen. Ein zweiter Gebäudeteil, im Grundriß ein ebensolches Dreieck, durchdringt das Hauptschiff und bildet die Eingangshalle, Sakristei und Nebenkapelle aus. Zusammengenommen bilden sie im Grundriß das weihnachtliche Symbol des Davidssterns, im Aufriß aber ein überdimensionales Marianisches „M". Das Hauptkirchenschiff, das sozusagen linear in den Turm übergeht, sollte zusammen mit der indirekten Lichtführung für die Gläubigen das Bild einer Porta Caeli, einer Himmelspforte, erzeugen.

St. Josefs-Hospital
Solmsstr. 15

Entwurf: Prof. W. Bäumer, Hamburg

Bauherr: Filialinstitut der Armen Dienstmägde Jesu Christi

1959–87

Das St. Josefshospital ist eine Einrichtung des „Filialinstituts der Armen Dienstmägde Jesu Christi" und befand sich ursprünglich in der Friedrichstraße, dem heutigen Standort des Roncalli-Hauses. 1892 wurde es in einen Neubau an den Langenbeckplatz verlegt. Kriegsfolgeschäden und der Wunsch, das in der Innenstadt gelegene Heilig-Geist-Hospital mit dem St. Josefs-Hospital zu vereinigen, führten unter Prof. W. Bäumer 1959 zu einem umfassenden Sanierungs- und Neubauprojekt. Der Hauptkomplex, dessen Bettenhaus hier abgebildet ist, ging 1965 in Betrieb. Ihm folgten 1965-68 Umbau und Aufstockung des alten Hospitalgebäudes an der Langenbeckstraße. 1967-87 Erweiterungen des Funktionstraktes und neue Energiezentralen auf dem nördlichen Teil des Grundstücks. Alle Gebäude entstanden durchweg als massive Mauerwerksbauten und nehmen die Verklinkerung des Altbaus auf. Das Bettenhaus mit den charakteristisch nach Süden verschwenkten Fenstern liegt im Zentrum des Grundstücks und minimiert dadurch Lärmimmissionen. Die Einbindung des Krankenhauses in die umgebende Villenbebauung wurde durch eine parkartige Eingrünung erreicht.

Dilthey-Gymnasium
Georg-August-Str. 16
Westend.

Entwurf: Hochbauamt

Bauherr:
Landeshauptstadt Wiesbaden

1967

Mit seinem viergeschossigen Haupttrakt dem daruntergeschobenen Flachbau für den naturwissenschaftlichen Unterricht und dem angehängten Bibliotheksbau ist das Dilthey-Gymnasium der erste Bau in einer vom städtischen Hochbauamt entwickelten Fertigteilbauweise aus tragenden Wand- und Deckenplatten. Mit dieser Bauweise wurde versucht, durch kurze Bauzeiten schnell den sprunghaft wachsenden Bedarf an Schulraum zu befriedigen.

Fußgängerbrücke
Schiersteiner Hafen, Bismarcksaue

Entwurf:
Dr. G. Lohner, Dr. U. Finsterwalder

Bauherr: Dyckerhoff AG

1967

Die hohe Schule der Ingenieurbaukunst: weil die Hafendurchfahrt während der Bauphase nicht gesperrt werden durfte, wurde der knapp 65 m breite Mittelteil der Brücke gerüstlos im sogenannten Freivorbau und erstmalig in der Welt mit Dyckerhoff Weißzement in Leichtbeton mit Blähschiefer durchgeführt. Fast schon skurril mutet der Bauablauf an.
Zuerst wurde einer der an Land liegenden Brückenteile mit Rampe in „normaler" Schalungsweise mit Lehrgerüst ausgeführt, dann der Mittelteil bis zum Stich ausgeführt, um das ganze Procedere dann von der anderen Seite zu wiederholen und den Bogen zu schließen. Die Stichhöhe über Auflager beträgt gut 10 m, die Spannweite des Bogens mißt 93,40 m. Die Brücke ist ein Geschenk der Firma Dyckerhoff anläßlich ihres hundertjährigen Bestehens an die Stadt.

Ev. Johanneskirche
Hauberisser Str. 17

Entwurf:
Prof. F. G. Winter, Krefeld

Bauherr:
Ev. Gesamtkirchengemeinde

1967

20 m erhebt sich der First des Kirchenschiffes über das Niveau der Hauberisser Straße. Von Norden gesehen drängt sich das Bild eines Heizwerks mit hohem Schornstein nahezu auf. Großen Anteil daran haben auch die vorgelagerten Gebäude des Gemeindehauses und der Küsterwohnung, die das fallende Gelände „ausnutzen". Die Felder zwischen den Bindern sind mit Blech verkleidet. Ganz anders gibt sich die Kirche, hat man den Höhenunterschied überwunden und steht auf dem Vorplatz der Kirche. Überhoher Glockenturm, im Erdgeschoß geöffneter Dreiecksgiebel und die angelagerten Jugendräume mit stützenlos weit vorkragendem Dach führen zum Entree der Kirche am Fußpunkt der aufsteigenden Stahlbinder. Das große, mit blauem Glas ornamentierte Südfenster taucht die Kirche in helles Seitenlicht und gibt dem Kirchenraum zusätzliche, nicht aufdringliche Dynamik.

Wärmetauscher-Türme
Wiesbadener Landstraße
Amöneburg

Entwurf: Prof. E. Neufert,
Darmstadt

Bauherr: Dyckerhoff AG

1967–70

Die beiden, die Silhouette von Amöneburg bestimmenden, aus einem stehenden Vierendeelfachwerk gebildeten Betontürme mit den freigestellten Ecken werden oft als „Hochöfen" tituliert. Die Aggregate, die diese Türme beinhalten, dienen allerdings der Abwärmenutzung, heißen im Fachterminus Zyklonvorwärmer und sind Teil einer verfahrenstechnisch komplexen Anlage. In ihr wird das kontinuierlich über Förderbänder vom nahegelegenen Steinbruch Kastel transportierte, vorgebrochene Rohmaterial weiter zerkleinert, getrocknet und gemahlen, um in den liegenden Drehöfen von 5,2 m Durchmesser und 80 m Länge zu Zementklinker gebrannt zu werden. Abwärme des Ofens wird unter anderem dazu genutzt, das zu brennende Rohrmehl in den Zyklonvorwärmern auf 800° C zu erhitzen. Der gebrannte Zementklinker wird dann unter Zugabe verschiedener Zusätze zu genormten Zementqualitäten vermahlen.

Müllzerkleinerungsanlage
Unter Zwerchweg, Kastel

Entwurf: Hans Helling,
Hochbauamt Wiesbaden

Bauherr: Landeshauptstadt
Wiesbaden

1968

Aufgrund des in der Nachkriegszeit enorm steigenden Müllaufkommens und der andererseits begrenzten Deponiefläche wurde der Bau der Zerkleinerungsanlage beschlossen. Vier Hammermühlen konnten täglich jeweils 80 Tonnen Hausmüll verarbeiten. Inzwischen ist die Anlage stillgelegt. 1973 erhielt sie eine Auszeichnung der Architektenkammer Hessen als „Vorbildliches Bauwerk": „Das bescheidene Bauwerk mit seiner trivialen Funktion wurde durch ebenso bescheidene, jedoch meisterlich eingesetzte Mittel zu einem vorbildlichen kleinen Industriebau. Sein architektonischer Reiz liegt in der Kombination der leichten Flugdächer mit dem schweren monolithischen Betonunterbau."

Kath. St. Mauritiuskirche
Abeggstr. 37
Sonnenberg

Entwurf: Prof. M. Braunstorfinger,
Wiesbaden

Bauherr: Kath. Pfarrgemeinde

1968

1958 erhielt Herr Braunstorfinger in einem beschränkten Architektenwettbewerb für seinen Entwurf den ersten Preis. Die Grundkonzeption bestand in der Trennung zwischen den hangabwärts um einen Hof gruppierten Gemeinderäumen und der Unterkirche und dem darüber gebauten und mit gesondertem Zugang und Vorplatz versehenen Kirchenschiff mit angeschlossenem Pfarrhaus, d.h. der Trennung des Alltäglichen gegenüber dem Sonntäglichen. Sah der Wettbewerbsentwurf noch großflächige Betonmaßwerkfenster nach Süden vor, ist die Ausführung einer strengen Axialität auf den Altar hin gewichen. Die südlichen Beton-Glas-Fenster von Hans-Georg Schleifer, Niederlahnstein, unterstützen diese Axialität, indem sie das Zentrum dieser Achse betonen. Auf der Nordseite des Langhauses zieht sich ein Betonfries bis zum Seitenchor entlang, der schon am Glockenturm beginnt und die Gläubigen als „künstlerisch gestalteten Kreuzgang" hineingeleitet. Das flache Walmdach wird von gedoppelten, im Grundriß gespreizten Betonrahmen getragen, die das Dach über dem Altar noch einmal geringfügig anheben. Betonreliefs und Farbgestaltung entstanden durch den Bildhauer O. H. Hajek, Stuttgart.

DLRG Rettungsstation
Schiersteiner Hafen, Bismarcksaue

Entwurf: G. Külp, Wiesbaden

Bauherr: DLRG e. V., Schierstein, Wiesbaden

1968

1929 eröffneten die Ortsgruppe der DLRG ihre erste feste Rettungsstation auf der Hafenspitze der Bismarcksau. Dieses beständig ausgebaute und überschwemmte Holzhaus wurde dann, nach 39 Jahren, durch ein hochwasserfreies, winterfestes Gebäude ersetzt, das auch als Schulungszentrum und Jugendheim genutzt wurde. In den lockeren Grund der um die Jahrhundertwende künstlich angelegten Hafenspitze mußten zu Gründungszwecken 20 Bohrpfähle von je 7,50 – 8 m Tiefe eingebaut werden. Das Untergeschoß wurde als hochwasserdichte Stahlbetonwanne ausgeführt, Erd- und Obergeschoß in Kalksandstein, wobei das Obergeschoß in drei Richtungen auskragt.

Dienstgebäude des Hessischen Minister des Innern
Friedrich-Ebert-Allee 12

Entwurf: H. Schaeffer,
Frankfurt/Main

1968

Das Hochhaus markiert das Ende der am Bahnhof vorbeischießenden, gedachten Achse Wilhelmstraße/Friedrich-Ebert-Allee und ist in seinen exzentrischen Umrissen schon auf dem Schwarzplan der „City-Ost"-Planung von Prof. May erkennbar. Die beiden Hochhausflügel lassen jedoch keinen städtebaulichen Bezug erkennen. Das 13geschossige Hochhaus ist über einen eingeschossigen Flügel, dessen Bibliothek zusätzliches Licht von sieben Lichtkuppeln erhält, mit dem Casino für die Bediensteten verbunden. Die Lasten des Stahlbetonskelettbaus mit Treppenhauskernen in den Spitzen werden im Erdgeschoß von mächtigen Stützen abgefangen. Das die beiden Flügel verbindene Gelenk enthält die Hauptvertikalerschließung.

Kaufhaus Karstadt
Kirchgasse 35-43

Entwurf:
Bauabteilung der Karstadt AG.
Essen

Bauherr: Karstadt AG

1968

Ganz im Zeichen automobiler Modernität wurde bei der Eröffnung des Hauses vor allen Dingen eines gerühmt: Die Verbreiterung der umgebenden Straßen und die neugewonnene Attraktivität der Innenstadt für den motorisierten Besucher. Mit der modernsten Klimaanlage Europas ausgerüstet bot das Gebäude auf seinem Dach 200 Einstellplätze – an eine Fußgängerunterführung der verbreiterten Schulgasse wurde gedacht. Noch immer ein Gebäudekomplex, der den Maßstab der kleinteiligen Parzellenstruktur der Innenstadt sprengt.

Einfamilienwohnhaus
Bahnholzstr. 25, Sonnenberg

Entwurf: Tullius E. Reiser,
München

Bauherr: privat

1969

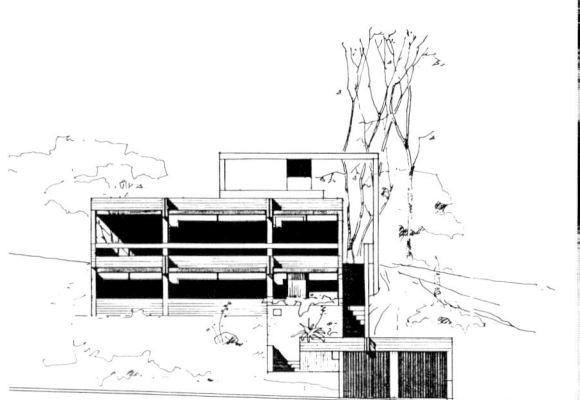

Die gelungene Fortführung der klassischen Moderne: wohl inspiriert von Neutra und van der Rohe schuf der Architekt ein Haus, das sich, dreiseitig von Sichtbetonscheiben umgeben, nach innen kehrt und über großzügige Lichthöfe belichtet wird. Nach Süden wird die Glasfassade durch kragende Stürze und Reflektoren gegliedert. Eine Teilunterkellerung des südlichen Hausteils als Einliegerwohnung bot sich aufgrund des starken Grundstücksgefälles an.

Der Betonhügel ist zugleich Markierung des Eingangs. Wetterschutz als auch Unterstellmöglichkeit für die Dachterrasse. Die Wärmedämmung ist durch verputztes, 8 cm starkes Formglas auf der Innenseite der Betonwände gegeben.

Wohnhaus
Richard-Wagner-Str. 59,
Sonnenberg

Entwurf: B. von Perbandt,
Wiesbaden

Bauherr: Isidere von Perbandt

1969

Die Grundrißgestaltung und die
Orientierung des Hauses werden
von den unverbaubaren Talblicken
bestimmt.
Versetzte Ebenen nutzen das
Geländegefälle und ermöglichen,
daß der Wohnraum von den
4 Himmelrichtungen Licht erhält.

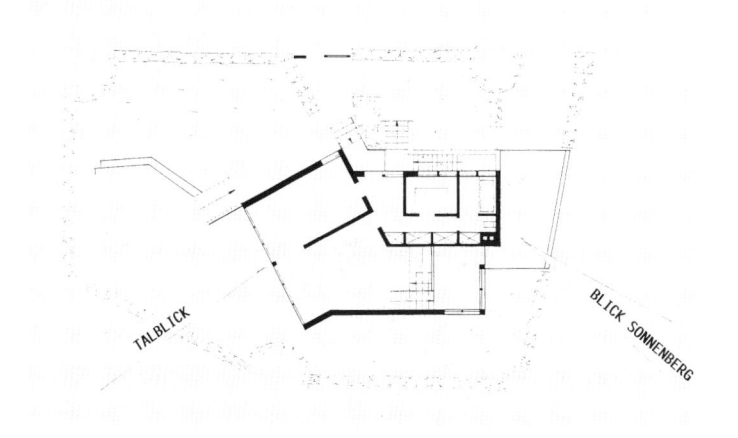

Ev. Lukaskirche
Klagenfurter Ring 61-63
Gräselberg

Entwurf: F. Soeder, Darmstadt

Bauherr:
Ev. Gesamtkirchengemeinde

1971

1962 wurde das Gemeindehaus und der Kindergarten, ein Viereck mit Innenhof, bezogen. Die projektierte Kirche über sechseckigem Grundriß wurde aus Kostengründen zurückgestellt. 1971 wurde ein Gottesdienstraum über einem nun gestreckten Sechseck mit weitgespannten Diagonalträgern in Holzleimbauweise und Holzdecke mit Schieferdach als großes Zelt verwirklicht. Beide Längswände sind voll verglast und die beiden Schilwände außen und innen mit hellen Klinkern verkleidet. Der Fußboden mit geschliffenen Rheinkieseln bildet das Fundament des bergenden, frei bestuhlten Raumes.

Roncalli-Haus
Friedrichstr. 24-28

Entwurf: Prof. J. Krahn,
Frankfurt/Main

Bauherr: Zentralausschuß
der Katholiken e.V.

1. Bauabschnitt 1969
2. Bauabschnitt 1972

1969–72

Die Planungen für das überpfarrliche Zentrum der Katholiken Wiesbadens gehen in die Mitte der 60er Jahre zurück. Unter diesem Hintergrund ist es auch zu verstehen, daß das im neogotischen Stil errichtete Heilig-Geist-Hospital nach negativen statischen Fachgutachten abgerissen wurde. Das bauliche Konzept Prof. Krahns für den Neubau sah eine leicht betonte Mittelachse durch Schließung der Treppenhausfassade vor, an der sich zu beiden Seiten im schlichten Stil des Dekadenumbruchs horizontale Fenster- und Brüstungsbänder anschlossen. Das Volumen staffelt sich von 6 Geschossen in der Mitte zu seitlichen fünf Geschossen. Aus kosten- und denkmalpflegerischen Gründen unterblieb aber der Abriß der Häuser Friedrichstr. 30 und 32, so daß es sich bei den ausgeführten zwei Bauabschnitten um einen Torso dieses Konzeptes handelt. Die Rückversetzung von der Bauflucht geschah aufgrund einer behördichen Vorgabe. Die vom Archiekten gewünschte Öffnung der Fassade im Erdgeschoß unterblieb und wurde erst im Zuge des Umbaus der 90er verwirklicht.

Die siebziger Jahre –
Besinnung auf die Innenstadt

Jörg Jordan (SPD) war von Juli 1973 bis Juli 1979 Stadtentwicklungsdezernent. Über seine damalige Amtszeit sprachen G. Nowaczek und S. Metz, Wiesbaden mit ihm.

S. Metz:
Herr Jordan, die Zeit zu Beginn Ihres Amtsantrittes war eine Zeit des Umbruchs, der Innovationen im politischen Raum. Welchen Niederschlag fand dies in der städtischen Stadtentwicklungsplanung?

J. Jordan:
Um die Ereignisse der Zeit, in der ich Dezernent war, verstehen zu können, benötigt man einen kurzen Einblick in die Zeit vor meinem Amtseintritt.
Die Planungsvorstellungen, die vorher von der SPD getragen wurden und mit denen sie die Wahlen 1964 gewonnen hatte, sahen im Grunde den totalen Umbau der Stadt mit großflächigen Abrissen in fast allen Altstadtbereichen vor, auch um z.B. die Stadtautobahnkonzepte realisieren zu können. Die damaligen Stadtväter hatten sich dann zur Ausführung dieser Vorstellungen von Herrn May und Herrn Prof. Leibbrandt als Verwirklicher in die Stadtverwaltung geholt: so wurden die Büroleiter von May, Edgar Heydock, und von Leibbrandt, Rolf Schaaff, Stadtplanungsamts- bzw. Verkehrsamtsleiter. Was als Entwurf auf dem Papier als moderne Stadt akzeptiert worden war, begann im später „City-Ost" genannten Bereich an der Frankfurter- und Mainzer Straße tatsächlich mit ersten Abrissen, um neue Hochhäuser errichten zu können.
Gleichzeitig begannen die Veränderungen in der Innenstadt, im Bergkirchenviertel und die ersten Durchbrüche für den 2. Ring im Westend, was den Bürgern bewußt machte, was wohl kommen würde.

Diese Diskussion führte dann dazu, daß ich kommunalpolitisch politisiert worden bin. Ich war Sprecher einer Bürgerinitiative, und wir haben zusammen mit Achim Exner die ersten Hausbesetzungen hier in Wiesbaden gemacht, die allerdings noch einen rein demonstrativen Charakter hatten. Wir taten dies auch, um auf den Filz aufmerksam zu machen, der dazugehörte.

Ich hatte mich wegen dieses Engagements mit Baurecht und Planung beschäftigt. Anläßlich des SPD-Parteitages 1970 haben wir die Planungspolitik am Beispiel „City-Ost" grundsätzlich in Frage gestellt. Die Entscheidungsvorlage mit der Kernfrage „Kann es mit den Abrissen so weitergehen?" stand dann zur Debatte, und letztlich gingen der Magistrat mit Oberbürgermeister Schmidt und die Verwaltung mit Stadtplanungsamtsleiter Heydock, beide SPD, mit 10 zu 220 Stimmen unter.

S. Metz:
War diese Entscheidung lediglich parteipolitische Einsicht, oder gab es auch eine breite Tragfähigkeit für einen Umschwung in der Bürgerschaft?

J. Jordan:
Ja, es gab eine breite Bürgerstimmung, die sich in der Partei widerspiegelte, und die Entscheidung auf dem Parteitag war eigentlich eine Abrechnung mit dieser Art Stadtentwicklung, mit der Neugestaltung der Kerngebiete der Innenstadt, mit dem Durchbau der Stadtautobahn. Dieser Michelsbogen beispielsweise, diese merkwürdige Brücke, das waren die Punkte, an denen sich der Streit festmachte. Der Umschwung hat sich dann auch innerparteilich umgesetzt im Vorfeld der Vorstandswahlen 1972, als wir eine völlig neue Liste gezimmert haben mit knapp dreißig Jusos unter den ersten fünfzig Bewerbern. So ist praktisch die ganze alte Fraktion mit ganz wenigen Ausnahmen abgesetzt worden.

Ich war mit der ganzen Geschichte Parteivorsitzender geworden und mit zwei anderen Jusos in der Stadtverordnetenversammlung. In der Gruppe hatten nur sehr wenige überhaupt parlamentarische Erfahrung, so daß ich nach den Wahlen 1972 auch Fraktionsvorsitzender wurde. Damals konnte die SPD mit knapp 52% ihr bestes Ergebnis in Wiesbaden überhaupt erzielen.

Ich wurde also Dezernent für Stadtplanung, und wir hatten schon vorher die Idee, die vorherigen drei Dezernaten zu einem Stadtentwicklungsdezernat zusammenzufassen.

Hochstraße am Michelsberg
Schwalbacher-/Coulinstraße

Entwurf: Amt für Verkehrswesen

Bauherr: Landeshauptstadt Wiesbaden

1972

Nach Plänen des Lehrstuhl für Eisenbahn- und Verkehrswesen unter Leitung Professor Leibbrands, ETH Zürich, wurde 1964 der Gesamtverkehrsplan beschlossen. Dieser sah weitreichende Straßen- und Kreuzungsausbauten im innerstädtischen Bereich vor. Als einzige von 6 weiteren Brücken bzw. Tunneln wurde die Michelsbergbrücke verwirklicht, als Bestandteil der damals geplanten Stadtkerntangente von Schwalbacher Straße über Coulinstraße und Saalgasse bis an den Geisberg. Sahen die Befürworter die Brücke als „freundlich, belebend und aktivierend", sowie eine notwendig gewordene Fußgängerunterführung als „neuen Freiraum für Fußgänger", so prangerten die Brückengegner fehlende Leistungsfähigkeit (nur eine von vier Ampelphasen wurde überflüssig) und eine grundsätzliche, städtebauliche Fehlentscheidung an.

Die siebziger Jahre – Besinnung auf die Innenstadt

G. Nowaczek:
Wie schlug sich diese organisatorische Neuordnung auf die Planung nieder?

J. Jordan:
Wie haben versucht, einen integrierten Ansatz für die Innenstadt umzusetzen. Die Philosophie hieß: Urbanität in der Stadt ist eine Mischung der verschiedenen Nutzungen. Wenn ich dabei den Kern der Stadt gemischt erhalten will, dann war das bisherige Konzept, Misch- oder Kerngebiete in den Bebauungsplänen festzusetzen falsch, weil sich in der kapitalistischen Gesellschaft der Kapitalkräftigere durchsetzt, und das ist eben nicht der Bewohner, sondern alle anderen. Also muß der Bewohner geschützt werden. Hier kann ich durch baurechtliche Festsetzungen klären, was in jedem Haus vorzugehen hat und vorgehen darf. Deshalb war unser Ziel, die gesamte Innenstadt mit Bebauungsplänen zu überziehen, um die Bewohner quasi festzuschreiben. Die Mitarbeiter des Stadtplanungsamtes haben umfangreiche Strukturuntersuchungen durchgeführt und festgestellt, wo und wie in der Innenstadt noch gewohnt wird, um zu planerischen Aussagen zu kommen. Die Bauaufsicht war damals schon ein starkes Instrument, um diese Zielvorstellungen durchzusetzen.

G. Nowaczek.
Ging es damals schon um die Erhaltung insbesondere von preiswertem Wohnraum?

J. Jordan:
Nein, das war kein Thema. Die billigen Mieten waren damals in der Innenstadt, das muß man sich mal klarmachen. Und wir wollten diese Quartiere nicht verelenden lassen.

S. Metz:
Welche Rolle spielten die Erhaltungskonzepte, um dem Phänomen der Stadtflucht zu begegnen?

J. Jordan:
Mit dem langjährigen Kämmerer der Stadt, Oedekoven, war ich einig, daß die Abwanderung der Bevölkerung ins Umland auch stadtwirtschaftlich gesehen verhängnisvoll sein würde, da ja der Wohnsitz entscheidend war für den Verbleib der Einkommensteuer. Unser Ziel mußte es also sein, die Stadt so attraktiv zu gestalten, daß auch die höheren Einkommensbezieher in der Stadt gehalten werden konnten. Mitte der siebziger Jahre war deshalb auch der Denkmalschutz ein wichtiger Aspekt einer sozialen Stadtpolitik: Psychologie gehört zur Stadtentwicklung. Wenn die Stadt unverwechselbar ist, wenn sie also fasziniert, dann bleiben die Bewohner doch im Bergkirchenviertel wohnen, obwohl sie sich leisten könnten, draußen ein Häuschen zu bauen.

Eine weitere Kehrtwende in der Verkehrsplanung war die Tragfähigkeituntersuchung zum bestehenden Straßennetz mit der Frage, ob Stadtentwicklung auch ohne weiteren Straßenbau möglich sei. Beispielsweise die Adolfsallee, die ursprünglich als Autobahnzubringer in die Innenstadt geplant war. Wir nahmen sie aus dem Straßennetz und gestalteten sie zu einem Park, um die Wohnqualität in der südlichen Innenstadt zu verbessern.

Auch das Thema Grünplanung mit einer intensiven Pflege der Straßenbäume lebte auf. Damit verbunden war die Umnutzung des alten Friedhofes an der Platter Straße zu einem Freizeitpark, um Freiflächen für die Kinder des dicht bebauten Bergkirchenviertels zu schaffen.

G. Nowaczek:
Das Städtebauförderungsgesetz von 1971 war die rechtliche Grundlage für Sanierung des Bergkirchenviertels. Andernorts wurde das Instrumentarium verwendet, um Flächenabrisse durchzusetzen. In Wiesbaden kam es offensichtlich zur rechten Zeit, um es als Instrument einer behutsamen Stadterneuerung einzusetzen.

J. Jordan:
Ja, ich halte die Sanierung des Bergkirchenviertels für eines der glücklichsten Beispiele in Deutschland überhaupt, und zwar wegen der dahinterstehenden Philosophie, daß niemand aus dem Gebiet verdrängt wird. Wir haben deshalb ein zweites Sanierungsgebiet am Kranzplatz festgelegt und im Weberhof und im Palasthotel Ersatzwohnungen gebaut. Hier konnten wir die Mieter während der Modernisierungsphase ihrer Wohnungen unterbringen, ohne daß sie ihr altes Wohnviertel verlassen mußten.

S. Metz:
Einmalig in der bundesdeutschen Sanierungsgeschichte dürfte auch der Abriß und die Umnutzung des ehemaligen Neckermann-Kaufhauses im Rahmen der Stadterneuerung sein.

Jordan:
Die Baukonstruktion wurde wiederverwendet, und das hatte einen ideologischen Pfiff! Man muß natürlich dazu sagen, daß das Kaufhaus nicht so toll lief, aber das war damals trotzdem auch Juso-Ideologie und Faszination, zu sagen: bei uns läuft das! Wir bauen an Stelle des Kaufhauses Sozialwohnungen! Es war eine günstige Situation, und ein wesentlicher Teil erfolgreicher Stadtpolitik besteht ja darin, günstige Situationen nach den eigenen Visionen auszunutzen.

G. Nowaczek:
Die Einrichtung der Fußgängerzonen im Zuge der Kirchgasse/Langgasse fiel ebenfalls in ihre Amtszeit. Gab es hierfür Vorbilder?

J. Jordan:
Ja, die gab es, und die SPD hatte sie als Zielsetzung auch ins Wahlprogramm 1972 gebracht, und ohne großen Widerstand aus der Bevölkerung oder der Anlieger ist dies auch realisiert worden. Ein Schlüsselerlebnis war für mich die Rückgewinnung des Schloßplatzes, für den eigentlich eine Straßenverbindung zur Burgstraße vorgesehen war. Während des Kommunalwahlkampfes 1972 stand ich mit Achim Exner auf der Treppe zum Landtag, und wir waren uns einig darin, die Straße wieder zum Platz zurückzubauen. In einer der ersten Rücksprachen als Baustadtrat mit dem Leiter des Tiefbauamtes habe ich gefragt: Denken Sie sich den Schloßplatz weg, hier wurde Gold gefunden, es wird gegraben, keiner kann mehr durchfahren. Was machen wir dann? Nach vierzehn Tagen kam die Planung, und dann wurde die Straße tatsächlich wieder zum Platz umgebaut.

S. Metz
Herr Jordan, während Ihrer Amtszeit sind viele Projekte gleichzeitig gelaufen. Gab es keine Bürgerinitiative, keinen Widerstand gegen die neuen Planungen?

J. Jordan:
Damals dachte ich, es entstünde eine kollektive Vernunft, man mobilisiert die Leute, und dann entsteht das Gute. Inzwischen habe ich mir diese Illusionen abgeschminkt. Insgesamt 26 Bürgerinitiativen haben mich während meiner sechsjährigen Amtszeit beschäftigt, davon 12 oder 13, die gegen die Einrichtung von Kinderspielplätzen waren. In Klarenthal oder am Kranzplatz – Kinderlärm störte. Trotzdem – das Konzept der Stadtteilbüros hat in der Innenstadt und im Westend funktioniert. Auch die Vermittlung von Planungsideen und die Information über Zeitungsbeilagen war positiv. Als dann 1977 die CDU Wahlsiegerin wurde, gab es nichts zu kritisieren an den vergangenen sechs Jahren SPD-Stadtentwicklungspolitik. Ich konnte auch Manfred Kanther (CDU) überzeugen, die zunächst gestoppten Planungen für den Kranzplatz und den Tattersall doch fortzuführen. Unsere Ideen wurden schließlich auch parteiübergreifend als die richtige Stadtentwicklungspolitik angesehen, auch in den letzten beiden Jahren meiner Amtszeit, als die CDU die politische Mehrheit bereits hatte.

G. Nowaczek:
Die siebziger Jahre waren geprägt von Schlagworten wie, Netzplantechnik, Systemanalyse und Stadtentwicklungsplanung. Existierte damals ein geschlossenes stadtentwicklungsplanerisches Konzept?

J. Jordan:
Nein. Andere Städte hatten entsprechend große Papierberge erarbeitet, und auch die Planungsgruppe beim Oberbürgermeister hat in diese Richtung diskutiert. Für mich war Stadtentwicklung ein politischer und vor allem wertbezogener Prozeß, und die Herleitung von Werten habe ich immer deutlich gemacht. Ein Berg Papier war hierzu überflüssig.

S. Metz:
Welche Koordination gab es zwischen der Planungsgruppe beim Oberbürgermeister und dem Stadtentwicklungsdezernat?

J. Jordan:
Die Schaltstelle war die sog. Dienstbesprechung in unserem Hause. Es war auch immer ein heißes Begehren der anderen Verwaltungen, dort vertreten zu sein, weil klar war: das, was dort festgelegt wird, das geschieht auch. In der Planungsgruppe beim Oberbürgermeister sind jede Menge Broschüren erarbeitet worden, aber der Vollzug lag in meinem Hause. Es war keine echte Konkurrenz, und die Trennung von Planung und Vollzug halte ich für einen Fehlansatz. Die Denker müssen zu den Tätern.

S. Metz, G. Nowaczek:
Herr Jordan, wir danken Ihnen für dieses Gespräch.

R+V Hauptverwaltung
Taunusstr. 1

Entwurf: Abeck, Ernst, Fischer, Rathai, Wiesbaden

Bauherr: R+V Allgemeine Versicherungs-AG

1971

Mit seinen 19 Stockwerken und einer Höhe von 71 m erregte der Turm während seiner Entstehungszeit den Unwillen unter der Wiesbadener Bevölkerung. Der seinerzeit Vorsitzende des Architektenbeirates. Architekt R. Schell, kritisierte in diesem Zusammenhang den allgemein fortschreitenden Verlust der Sichtbezüge zu den Taunushängen. Im Stadtplanungsamt sah man die Erhöhung eher im Zusammenhang mit dem bestehenden Bau des Innenministeriums und der erhöhten Geschoßzahl der „City-Ost", zudem es sich um einen „schlanken Baukörper" handelte. „Wesentlich" sollten sich die Proportionen bei der Erhöhung des Hochhauses um drei Geschosse nach Meinung der Architekten verbessern (von 16 auf 19), und nach Zustimmung der Nachbarn zur Überschreitung der zulässigen Geschoßzahl wurde der Turm, ein Stahlbetonskelettbau mit aussteifendem Kern über fünfeckigem Grundriß, 1968 genehmigt.

Terrassenhaus
Nördliches Nerotal 77
Neroberg

Entwurf:
Wilke + Kalkhoff, Wiesbaden

Bauherr: Wilke + Kalkhoff

1971

Neben gehobener Ausstattung und großer Terrassen zeichnete sich das erste Terrassenhaus Wiesbadens durch freie Grundrißgestaltung und kombinierbare Wohneinheiten aus. Ihm folgten eine Reihe von Terrassenhäusern gehobener Ausstattung in guten Wohnlagen. Beachtenswert ist die Brüstungsverkleidung mit Betonelementen im typischen Stil der 70er. „Bei aller Notwendigkeit der Rationalisierung, der Normung und des Rasterdenkens, sollte die individuelle Planung und ästhetische Gestaltung einer Wohnanlage ihre Berücksichtigung finden. ... Wohnungsbau ist keine Sache des Computerprogramms, sondern früher wie heute eine echte Aufgabe des Architekten."
(H. Wilke, Wiesbadener Kurier, 13.11.71)

Wohnhaus
Pfahlerstr. 23
Sonnenberg

Entwurf: G. Christ

Bauherr: M. und G. Christ

1971

Das Wohnhaus wurde als Experimentalbau für kostengünstiges Wohnen errichtet. Um dieses Ziel zu erreichen, wurden nur industrielle Produkte, die einfachst zu verarbeiten waren, verwendet. Die Stahlrahmenkonstruktion mit großflächigen Ausfachungen aus Glas und Verbundelementen erlaubt eine flexible Nutzung des großzügigen Raumvolumens. High-Tech Komponenten erlauben hohe Nutzung natürlich anfallender Energie und extreme Dämmung erlaubt den wirtschaftlichen Betrieb des Gebäudes.

Einfamilien-Reihenhäuser
Thorwaldsenanlage 66-74

Entwurf: G. Christ, Wiesbaden

Bauherr: privat

1972

Am Ende der Thorwaldsenanlage liegt diese entsprechend dem gebogenen Flurstück zurückgestaffelte Reihenhausanlage, die als typisch für den Stil der 70er gelten kann. Große Fensterelemente spannen sich zwischen den verklinkerten Wandscheiben. Liegende und stehende Proportionen halten sich die Waage und bestimmen den ruhigen Ausdruck. Die liegenden Elemente der Balkonplatte, sowie der grünen Sturzverkleidungen werden von stehenden „Stäben" gegliedert.

Die funktionalen Grundrisse finden ihren Abschluß in einer gelungenen, hofseitigen Eingangssituation.

Wohnhaus
Adlerstr. 19

Entwurf: Zaeske + Maul,
Wiesbaden

Bauherr: GeWeGe, Gemein-
nützige Wohnungsbaugesellschaft
der Stadt Wiesbaden mbH

1972

Das Wohnhaus Adlerstraße 19 war der erste fertiggestellte Bau der behutsamen Sanierung und Rekonstruktion des nach der May'schen Planung von 1963 zum Abriß bestimmten Bergkirchenviertel. Er enthält sieben Wohnungen im sozialen Wohnungsbau und eine Sozialstation zur Beratung der Bürger in Sanierungsfragen.
Dieser Bau übernimmt Vorbildfunktion für zeitgemäße architektonische Erneuerung innerhalb der historischen Bebauung des 19. Jahrhunderts. Balkone und Brüstungselemente aus schalungsrauhem Beton stehen im farbigen Kontrast zu dem aus Blähtonziegeln gemauerten Wandaufbau und nehmen mit zeitgemäßen architektonischen Mitteln die Strukturen der benachbarten Fassade vom Ende des 19. Jahrhunderts auf.

Auszeichnung mit dem Porotonpreis 1978.

Reihenhäuser
Bingertstr. 55-63, Aukamm

Entwurf: Wohnbau Frankfurt
GmbH & Co.
Zweigniederlassung Wiesbaden

Bauherr: DEBA Wohnbau

1973

Die Grundrisse der in Massivbauweise hergestellten Reihenhäuser vom „Typ 200" minimieren die Verkehrswege, die Verteilung der Grundfläche entspricht dem damaligen Wohnverständnis: während der Wohnraum die Hälfte der Grundfläche des Kubus' einnimmt, verbleiben für das zweite Kind nur 8,5 m². Die im Obergeschoß mit dunkler Holzverschalung verkleideten Wohnkuben werden durch hinausgeschobene Küchen mit angeschlossenem Eßbereich voneinander getrennt.

IBM-Verwaltungsgebäude
Abraham-Lincoln-Str. 26/28

Entwurf: H. Kny, Frankfurt/Main

Bauherr:
R+V Lebensversicherungs-
gesellschaft AG

1973

Da der Baugrund nicht stark belastbar ist und zudem wegen des starken Gefälles bei konventioneller Gründung die Gefahr einer Bodenverschiebung bestanden hätte, ruht das Gebäude auf bis zu zwanzig Meter tiefen Pfählen. Die Lasten aus den sechs Obergeschossen der Stahlbetonskelettkonstruktion werden im Installationsgeschoß zusammengeführt und über zwei Stützenreihen in die Pfähle geführt. Das Erdgeschoß nimmt Casino und Eingangshalle auf.

Die Fassade wurde aus Betonfertigteilen mit darin eingesetzten, großflächigen Fensterelementen aus Aluminium erstellt.

**Berufsgenossenschaft
Druck und Papierverarbeitung**
Rheinstr. 6-8

Entwurf: R. Schell, Wiesbaden

1975

Das zehngeschossige Hochhaus am Rande eine Villengebietes kann nur in Verbindung mit der Planung der „Bürostadt City-Ost" aus dem Jahre 1965 verstanden werden, die eine Agglomeration von Verwaltungsbauten in diesem Bereich vorsah. Ansätze dieser Planung kann man am angefangenen Ausbau der Mainzer Straße erkennen, die heute an der Hessischen Zentrale für Datenverarbeitung eine abrupte Kurve macht, aber bis zur Bierstadter Straße weitergeführt werden sollte. Bezeichnend für die auch durch den Bürgerprotest hervorgerufene, ambivalente Haltung der genehmigenden Behörden und des Magistrats zu dieser Planung ist die beantragte, später jedoch nicht genehmigte nachträgliche Erhöhung des Gebäudes um zwei Geschosse. Die drei abgerissenen, funktionstüchtigen gründerzeitlichen Villen wären für das Stadtbild in diesem Bereich sicherlich zuträglicher – im Jahr des europäischen Denkmals 1975.

Sanierungsgebiet
Bergkirchenviertel 1971–1995

Wie alles begann...

„Das neue Wiesbaden" – eine
im Auftrag der Stadt zu Beginn
der 60er Jahre vorgelegte Gesamtplanung des Städteplaners
Professor Ernst May – sieht unter
anderem eine Flächensanierung
im Bergkirchengebiet vor.

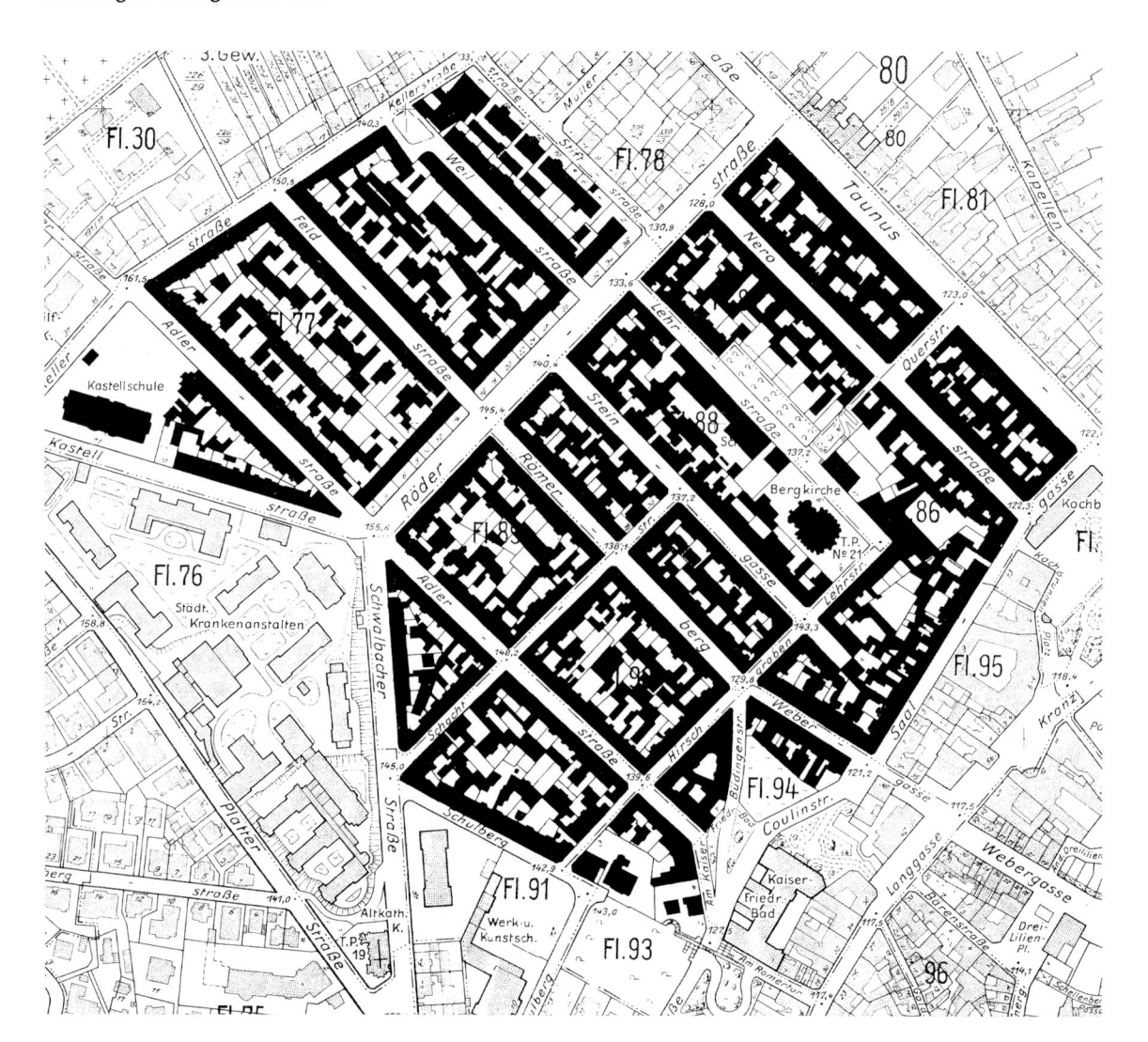

Baustruktur 1962

1968
Die Stadtverordnetenversammlung beschließt eine Strukturuntersuchung durch die Gesellschaft für Wohnungs- und Siedlungswesen (GEWOS) für ein 26 Hektar großes Gebiet, das begrenzt wird von Taunusstraße, Kellerstraße, Platter Straße und Coulinstraße.

Anerkennung dieses Untersuchungsgebietes durch die Bundesregierung als Studien- und Modellvorhaben.

1970
Im Mai findet die konstituierende Sitzung eines Sanierungsbeirates statt. Mitglieder sind Vertreter der Stadtverordnetenfraktionen, der Interessenverbände und Bürgergemeinschaften. Die Sitzungen des Beirates sind nicht öffentlich.

Von der GEWOS wird ein Untersuchungsbericht mit dem Vorschlag eines großflächigen Gebäudeabrisses vorgelegt.
In einer Bürgerversammlung im Bergkirchenviertel wird dieser Vorschlag von den Betroffenen abgelehnt.

1971
Die Stadtverordnetenversammlung beschließt die Stadterneuerung im Gebiet um die Bergkirche unter Erhaltung des bestehenden Charakters des Gebietes. Der Bundestag verabschiedet das Städtebauförderungsgesetz, das Voraussetzung für die geplante Sanierung ist.

1972
Die Stadtverordnetenversammlung beschließt die förmliche Festlegung des Sanierungsgebietes auf eine reduzierte Fläche von 10 Hektar. Das Gebiet wird begrenzt von Röderstraße, Nerostraße, Saalgasse, Coulinstraße und Schwalbacher Straße.

1973
Die Prognos AG erhält den Auftrag, ein Funktions- und Nutzungskonzept für dieses Gebiet zu erarbeiten. Auch dieses Gutachten sieht einen großflächigen Gebäudeabriß vor. Es kommt zu Protesten aus der Bürgerschaft.

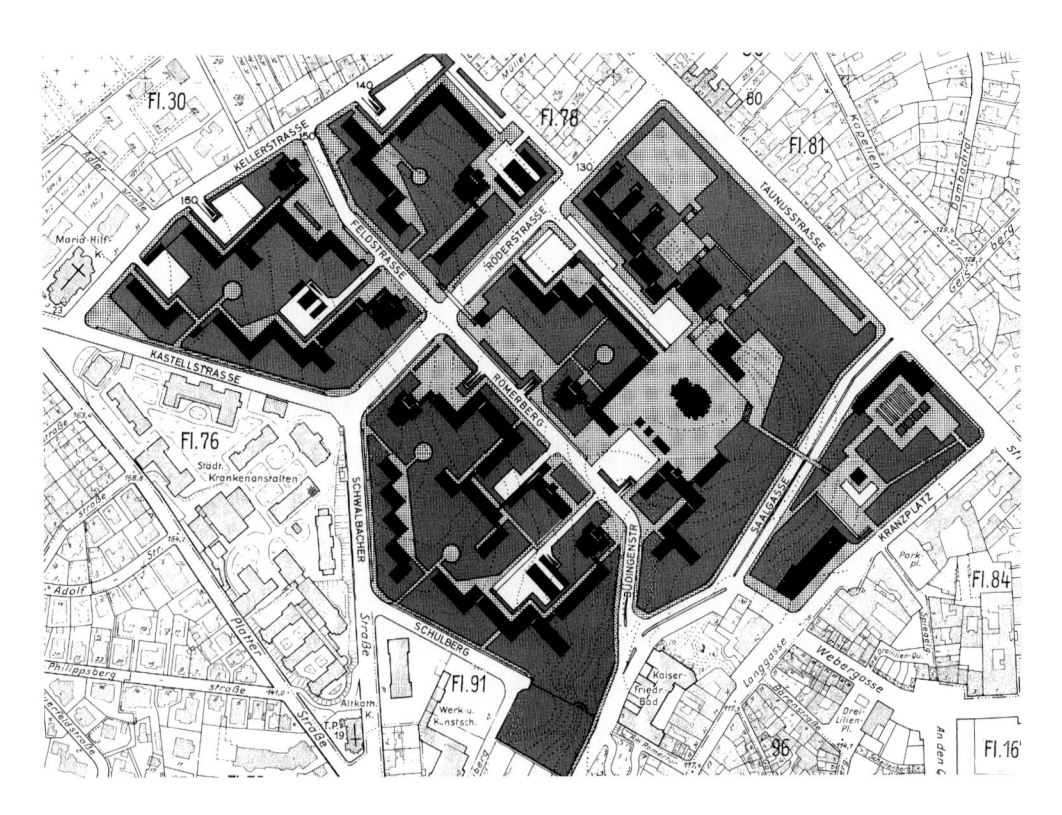

1974
In einer Bürgerversammlung werden die Ergebnisse der Bewertungskommission für den Block 11 vorgestellt. Entgegen früherer Gutachten zeigt sich, daß nur wenige Häuser abgerissen werden müssen.

1975
Das förmlich festgelegte Sanierungsgebiet wird um den Bereich Kranzplatz erweitert, umgrenzt von Saalgasse, Webergasse, Langgasse, Kranzplatz und Kochbrunnenplatz.

Planung 1962, Prof. Ernst May.
Das neue Wiesbaden

Sanierungsgebiet
Bergkirchenviertel
1971–1995

Zu Beginn der Sanierung lebten etwa 3.500 Menschen in 2.200 Wohnungen im Bergkirchenviertel. Damals hatten 71 % der Wohnungen keine Toilette, 84 % keine Zentralheizung. Die Mieten für diesen Standard lagen bei 1,50 DM bis 3,00 DM/qm. Bis 1992 wurden rund 1.300 Wohnungen öffentlich gefördert, davon sind 480 Neubauten.

Aufgrund der Abkehr vom Flächenabriß und der durchgeführten, behutsamen Stadterneuerung sind bislang erst rund 60 % der gesamten Sanierungsmaßnahmen realisiert. Im Endzustand werden rund 1.700 Wohnungen verbleiben. Die Mieten liegen inzwischen bei rund 9,00 DM/qm kalt. 80 % der damaligen Bewohner leben noch immer im Bergkirchenviertel.

Zusätzlich zu den baulichen Maßnahmen wurden Gemeinschaftsanlagen, Kinderspielplätze, Verkehrsberuhigungsanlagen, sowie das Gemeinschaftszentrum Tattersall und sonstige Einrichtungen zur Versorgung des Sanierungsgebietes mit erheblichen öffentlichen Mitteln gefördert und dienten zur wesentlichen Wiedererneuerung dieses Stadtteiles.

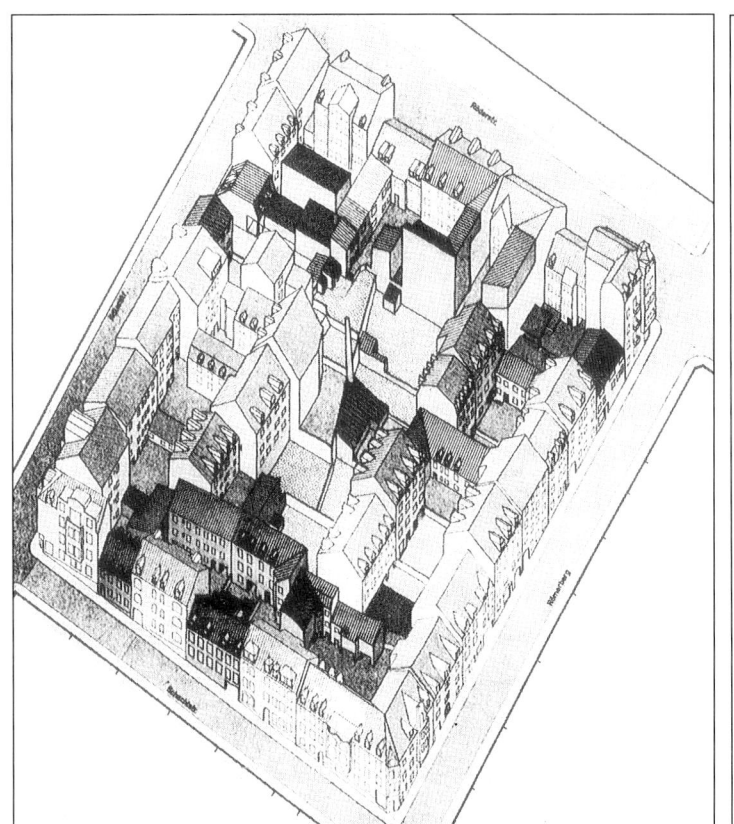

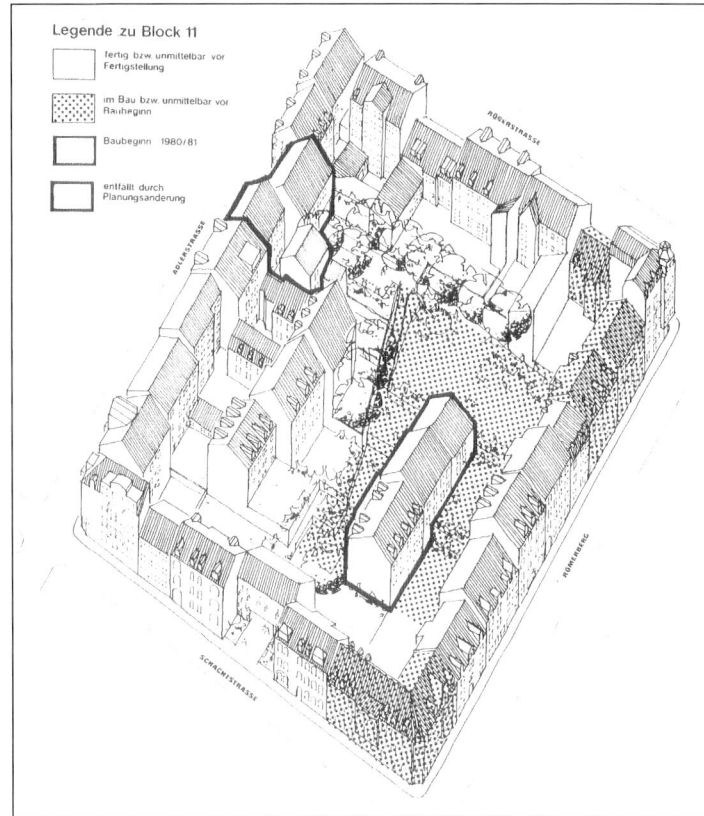

Sanierungskonzept 1982:

Die Darstellung links zeigt den Altbestand mit der typischen engen Innenblockbebauung vor Beginn der Sanierung; besonders gekennzeichnet sind die Gebäude und Gebäudeteile, die unbedingt beseitigt werden mußten.
Rechts ist die Zielplanung dargestellt, die dem Bebauungsplan zugrunde liegt.

Hauptverband der Deutschen Bauindustrie e. V.
Abraham-Lincoln-Str. 30

Entwurf: Beckert + Becker,
Frankfurt/Main

1975

Der kubische Baukörper wird gegliedert durch die von unten nach oben jeweils um einen Meter auskragenden Geschosse mit durchgehenden Fensterbändern und Sichtbetonbrüstungen. Eleganter Vertreter des „New Brutalism".

Hauptpost
Kaiser-Friedrich-Ring 81

Entwurf: Ernst, Fischer, Krüder, Rathai, Wiesbaden

Bauherr: Deutsche Bundespost Oberpostdirektion Frankfurt/Main

1975

Nach 4 1/2-jähriger Bauzeit eröffnete der riesige Baukomplex der neuen Hauptpost am Kaiser-Friedrich-Ring, der „dem Bedarf der Bevölkerung auch schon für das Jahr 2000 Rechnung trägt", wie der Präsident der Oberpostdirektion in seiner Ansprache sagte. Ausschlaggebend für den Standort war der Bahnhof, der durch eine breite, befahrbare Brücke mit der Hauptpost verbunden ist. Drei große Höfe und geräumige, lichte Hallen ermöglichen auf dem zu fast 100 % ausgenutzten 22.000 m² großen Grundstück einen rationellen und schnellen Umschlag. Das Gebäude besteht aus vier nach außen nicht sichtbaren Trakten: Der 1.700 m² großen und 90 m langen Schalterhalle, die sich wie die Tiefgarage zum Kaiser-Friedrich-Ring orientiert, sowie dem Saal der Briefzusteller im Obergeschoß, zum Bahnhof orientierten Räumen für Massensendungen und die Paketabfertigung, Verwaltungs- und Sozialräumen zur Fischerstraße und zur Biebricher Allee und einem Trakt zur Paketverteilung im Innern des Volumens.

Wohn- und Geschäftshaus
Matthias-Claudius-Str. 2
Bergkirchenviertel

Entwurf:
Gerhard Christ, Wiesbaden

Bauherr:
Hessen-Nassauische Versicherung

1976

Zur Erweiterung von Büroflächen wurde eine schmale Baulücke zwischen dem gemischt genutzten Geschäftshaus des Bauherrn aus den 50er Jahren und einem Wohnhaus aus der Gründerzeit herangezogen. Die ebenfalls gemischte Nutzung des Anbaus, der vom Altbau erschlossen wird, erforderte variable aufteilbare Geschoßflächen, stützenfreie Räume und große Fensterflächen. Aus dieser Forderung und der angrenzenden Bebauung wurde die Fassadengestaltung entwickelt und versucht, mit zeitgenössischen Bauweisen einen harmonischen Zusammenklang zu erreichen. Das verwendete Ziegelmauerwerk übernimmt Material und Modul des Nachbargebäudes, die Aluminium-Glaskonstruktion der Erker ist aus der senkrechten Gliederung der Doppelfensterachsen und gußeisernen Balkonkonstruktionen der anschließenden Gründerzeitbauten entlehnt.

Umbau Palast-Hotel
Kranzplatz 5-6

Entwurf:
Michaelsen + Michaelsen,
Wiesbaden

Bauherr: GeWeGe, Gemein-
nützige Wohnungsbaugesellschaft
der Stadt Wiesbaden mbH

1977

Das 1905 von Architekt Jacobi erbaute Palasthotel am Kranzplatz, im zweiten Weltkrieg zum Lazarett geworden, danach von der Besatzungsmacht beschlagnahmt, später als Bürohaus von städtischen Verwaltungen genutzt, war sehr abgewirtschaftet. 1975 entstehen die Pläne zu einem Um- und Erweiterungsbau mit 79 Ersatzwohnungen für das angrenzende Sanierungsgebiet Bergkirchenviertel. Der 1977 fertiggestellte Umbau des Palasthotels und der Erweiterungsbau auf dem Gelände des früheren Römerbades vereint alt und neu. Baukörper, architektonische Gliederung, Ordnung und Proportionen, vor allem aber Balustraden, Hauptgesims und Dachhaut werden übernommen und weitergeführt. Der Kochbrunnen erhält eine neue Fassung, der Kochbrunnentempel wird zur gleichen Zeit völlig abgetragen und mit den vorhandenen Bauteilen neu aufgerichtet. Die neue Gartenanlage des Kranzplatzes bringt etwas von dem zurück, was der Platz einst war: Mittelpunkt der Kur, heute angenehmer und erholsamer Ort am Ende des Fußgängerbereichs Kirchgasse/ Langgasse.

Umnutzung Alter Friedhof
Platter Straße

Entwurf: Grünflächenamt der
Stadt Wiesbaden

Bauherr: Landeshauptstradt
Wiesbaden

1977

Zwischen 1832 und 1900 diente das von einer Mauer umfriedete gut 6 ha große Quadrat als Begräbnisstätte. Zahlreiche kunstvolle Grabmäler zeugen von bedeutenden Persönlichkeiten der Nassauischen und Wiesbadener Geschichte. 1973, nach Ablauf der Ruhefristen, wurde der Friedhof mit seinem wertvollen, alten Baumbestand zu einer öffentlichen Grünfläche umgewidmet, um als Stadtquartierspark Grünflächendefizite des angrenzenden Bergkirchenviertels auszugleichen.

Die Planungen des Grünflächenamtes versuchten dabei eine Symbiose von Parkästhetik und sozialen Parkfunktionen herzustellen: 150 unter denkmalpflegerischen Gesichtspunkten ausgesuchte Grabmale wurden umgesetzt und differenzierte Bereiche geschaffen, die eine vielseitige Nutzung ermöglichen.

Dresdner Bank
Wilhelmstr. 7

Entwurf:
NH Städtebau Südwest GmbH

Bauherr: Dresdner Bank AG

1978

Schwere Kriegsschäden an den Villen Rheinstraße 11/13 und Wilhelmstraße 1, dem Sitz der Dresdner Bank seit 1921, ließen nur eine „Enttrümmerung" der Grundstücke zu. Die Verhandlungen der Stadt mit der Dresdner Bank um die Nutzung der Grundstücke zwischen Wilhelm- und Mainzer Straße gestalteten sich schwierig. Die städtebauliche Planung aus den 60er Jahren sah für den Bereich um die „Kleine Wilhelmstraße" ein Kerngebiet mit sieben- bis zwölfgeschossigen Verwaltungsbauten vor. Planungsrechtlich blieb das Gebiet lange Zeit Brachland. 1975 wurde die Errichtung des Verwaltungsgebäudes genehmigt und gleichzeitig der Beschluß zu einem nachträglichen, städtebaulichen Wettbewerb mit dem Bankgebäude als Vorgabe gefaßt. Das Haus Mainzer Str. 1, bereits in die Denkmalliste eingetragen, mußte weichen. Der fünfgeschossige Stahlskelettbau mit Casino und Sitzungssaal im rückversetzten Dachgeschoß, ist über quadratischem, gerasterten Grundriß als Zweibund mit Innenhof errichtet. Die äußeren, um 45° gedrehten Stützen und die Brüstungsstürze der Wartungsbalkone sind mit Riederlinger Kalkstein verkleidet.

Thermalbad
Leibnizstr. 7
Aukamm

Entwurf: Prof. K.K. Emmler
in Führer - Emmler + Partner,
Darmstadt

Bauherr:
Landeshauptstadt Wiesbaden

1978

Der aus einem Wettbewerb hervorgegangene, mit dem 1. Preis ausgezeichnete Entwurf, baut sich auf einem Dreiecksraster von 6,84 m auf. Durch die großen Stützweiten des Stahlbetonskeletts entstehen so vieleckige, terrassenförmige gegliederte Flächen und Volumina. Die zusammenfließenden Raumzonen finden ihren Abschluß in geschoßhohen, verglasten Elementen. Die übereinandergeschichteten, stahlblau verkleideten Baukörper ordnen sich den natürlichen Gegebenheiten des Aukammtals unter. Da das Aukammtal über keine eigenen Quellen verfügt, wird das benötigte Thermalwasser aus Kochbrunnen, Adler- und Schützenhofquelle hierher geleitet, aufbereitet und auch an weitere Abnehmer verteilt. Die Temperatur des Wasser der beiden zusammen gut 700 m² großen Becken wird einzig durch Zufluß frischen Thermalwassers geregelt.

Staatstheater-Anbau
Am Warmen Damm

Entwurf: Prof. H. Hämer Berlin

Bauherr: Land Hessen, Der Hessische Minister der Finanzen

1978

Das Königliche Hoftheater wurde von 1892 bis 1894 von den Wiener Architekten Fellner und Helmer gebaut. Aus funtionellen und sicherheitstechnischen Erfordernissen wurde der Erweiterungsbau des Hessischen Staatstheaters mit Seitenbühnen für Kleines und Großes Haus, Sozial-, Verwaltungsräumen und Probebühne notwendig. Durch Anregung des Hochbauamtes wurden durch Prof. Hämer Fundusräume und Heizzentrale in das nahegelegene Parkhaus ausgelagert. Durch die Verlegung von Malersaal und Werkstätten in einen belichteten Kellerbereich konnte die Höhe des Erweiterungsbaus verringert werden. Der geschoßweise terrassierte Baukörper ordnet sich dem Altbau maßstäblich und zurückhaltend unter. Die architektonische Aufgabe, zu dem ausgeprägten und vielschichtigen wilhelminischen Neobarock eine zeitgemäße Ausdrucksform zu finden, wurde gelöst durch einen bewußten Kontrast in der Gestaltung und Materialwahl des Baukörpers, die nicht mit den historischen konkurrieren. Die Verwendung von Bleiverkleidung, Glaskern und Glasflächen mit vorgehängten Sonnenschutzgittern bringen den Erweiterungsbau in ein formales Spannungsverhältnis, ohne das kolossale, historische Bauwerk zu beeinträchtigen.

Theaterparkhaus
Paulinenstr. 19

Entwurf: H. Thorhauer,
Hochbauamt Wiesbaden

Bauherr: Landeshauptstadt
Wiesbaden

1978

Das Parkhaus in unmittelbarer Nähe zum Hessischen Staatstheater bietet 400 Einstellplätze und zählt zu den frühen Beispielen stadtverträglicher Parkhausbauten. Die üblicherweise meist als gähnende Schlünde ausgebildeten offenen Lüftungsbänder zwischen den Brüstungen weichen hier einer graphisch anspruchsvollen, fast spielerischen Auflösung von Brüstung und Öffnung.

Straßengestaltung
Adolfsallee

Entwurf: Hochbauamt

Bauherr:
Landeshauptstadt Wiesbaden

1. Bauabschnitt 1976:
„Adolfswiese" mit Brunnenanlage
von Bildhauer Winter, Limburg

2. Bauabschnitt 1977/78:
Bau eines Regenwasserrückhalte-
beckens und einer Tiefgarage
mit 39 Einstellplätzen

1978

Das Wohnviertel der südlichen Innenstadt um die Adolfsallee, zwischen 1860 und 1880 in geschlossener Bauweise im Zuge einer ersten großen Stadterweiterung über das historische Fünfeck hinaus entstanden, war durch seine günstige Lage zwischen Stadtzentrum und Hauptbahnhof einem starken Veränderungsdruck durch gewerbliche Expansion und Verkehrsbelastung ausgesetzt. Durch einen qualifizierten Bebauungsplan mit flankierenden städtebaulichen Maßnahmen konnte die Abwanderung der Bewohner und die Umstrukturierung des Wohngebietes gestoppt werden.

Die Umgestaltung der Adolfsallee in eine verkehrsberuhigte Grünanlage mit Kastanienallee, Brunnenanlage und Kinderspielplatz und die erfolgte Modernisierung und Restaurierung der zum Teil unter Denkmalschutz stehenden Ensembles machen das Gebiet heute zu einem der gefragtesten innerstädtischen Wohngebiete.

Die achtziger Jahre – Wieder Wachstum und Wohnungsbau

Stefan Metz im Gespräch mit Dietmar Thiels (CDU), von 1979 bis 1985 Stadtentwicklungsdezernent.

S. Metz:
Herr Thiels, welche Situation fanden Sie vor, als Sie das Stadtentwicklungsdezernat von Ihrem Vorgänger, Herrn Jordan, übernahmen?

D. Thiels:
Es war die Zeit, in der man sich innerlich verabschiedete von dem Gedanken, man sollte die Stadt nur nach innen entwickeln. Damals war der Stadtrand – also der Übergang bebaute Stadt zur freien Landschaft – deutlich markiert – ein ganz besonderes und positives Charakteristikum der Stadt Wiesbaden. Anders als etwa das Mainzer Stadtbild, wo die Bebauung in die Landschaft fließt und man eigentlich nicht weiß, wo ist Stadt und wo beginnt Landschaft: Ich habe diese deutliche Abgrenzung immer als eine besondere Qualität betrachtet, die es zu erhalten galt.
Andererseits gab es die Verpflichtung, auch für die Zukunft Wohnungsbau sicherzustellen und damit auch wieder neue Baugebiete auszuweisen. Die vorherige Politik der Innenstadtentwicklung, des Erhaltes der vorhandenen Strukturen und der Hochschätzung des Denkmalschutzes waren anerkannt, verbanden sich aber – mit Verlaub – durch „Schönheit und Glauben" mit der Nostalgiewelle.

S. Metz:
Mit Nostalgiewelle ist also die Entwicklung um das europäische Denkmalschutzjahr 1975 gemeint?

D.Thiels:
Ja, Wiesbaden ist ja damals auch ausgezeichnet worden für diesen Teilaspekt der Stadtentwicklung, aber es mußte auch wieder an den Wohnungsbau gedacht werden. Wir haben dann rund zwanzig neue Baugebiete in einer Synopse zur Diskussion gestellt, davon blieben dann 14 übrig. Der Heidestock beispielsweise, ist damals planerisch entstanden als ein Entwurf von Prof. Speer aus Frankfurt. Inzwischen ist es städtebaulich ein bißchen chaotisch geworden, es fehlt der „grüne Faden" durch die Siedlung, an dem man sich orientieren kann. Man muß schon wissen wohin man will, sonst findet man sich nicht zurecht.

S. Metz:
Sah der Plan anders aus als das, was inzwischen realisiert worden ist ?

D. Thiels:
Nein, der Plan und die Siedlung sind fast identisch. Er ist in allen städtischen Gremien auch positiv entschieden worden, obwohl wir – ich meine den Leiter des Stadtplanungsamtes, Herrn Heydock und mich – doch Zweifel hatten, ob sich die Bewohner später mit ihrer Siedlung identifizieren würden. Die Idee, städtebaulich höher zu verdichten, war richtig, im Detail würde man heute vieles sicherlich anders machen. Allerdings bin ich in Wiesbaden auch öfters gescheitert mit Ideen zur Verdichtung und zu Sonderbauformen. Für die Siedlung Wolfsfeld in Bierstadt zum Beispiel habe ich Gartenhofhäuser vorgeschlagen, die aneinandergereiht werden sollten als Zweigeschosser. Die Gärten waren voneinander mit Mauern abgegrenzt, um nachbarliche Störungen zwischen den relativ kleinen Grundstücken auszuschließen. Das Projekt ist dann einfach an dem Argument gescheitert, die vorhandenen Häuser in der Nachbarschaft hätten ja auch keine Mauern drumherum.

S. Metz
Aus Ihrer Amtszeit finden sich einige Bebauungspläne, in denen Gartenhofhäuser festgesetzt worden sind. In den Krautgärten zum Beispiel gibt es so ein Grundstück der Nassauischen Heimstätte, und nichts passiert, obwohl die Grundstücke voll erschlossen sind und die Bau- und Grundstückskosten in den letzten fünf Jahren durchschnittlich fast verdoppelt haben. Die Bereitschaft, auch ein kleineres Grundstück als vielleicht 500 oder 600 Quadratmeter zu erwerben, ist inzwischen viel größer, weil man sich ansonsten ein Eigenheim überhaupt nicht mehr leisten kann.

D. Thiels:
Ich glaube, in kurzer Zeit wird man erkennen, daß hier – wieder, wie vor fünfzehn Jahren – eine enorme Marktlücke entstanden ist. Aber es gab damals keinen politischen Konsens für solche Sonderformen.

S. Metz:
Das Baugebiet „Auf dem Hahn" ist damals als Verbindung zwischen Naurod und der Siedlung „Erbensacker" geplant worden.

D. Thiels:
Ja, es gab die Idee, dieser Verbindung, denn der Erbsenacker – eine Planung aus den sechziger Jahren – war ein städtebaulicher Fehlgriff, so mitten in der Landschaft, ohne jede Anbindung an bestehende Siedlungen. Und es wurde ein politischer Streit darum entfacht, ob man den Hahn nun bauen solle oder nicht. Damals spielten die ökologischen Argumente noch keine Rolle; es ging nur um eine Frage: wem gehört die Stadt, und dem, der sie gehört, der hat das Sagen.
Auf der anderen Seite gab es auch tatsächlich inhaltliche Kontroversen im Parlament über die Frage, ob man mit umfassenden Konzepten in eine Stadt eingreifen solle, ob man städtebauliche Visionen in eine gewachsene Innenstadt hineintragen solle oder nicht. Ich war der Meinung, einzelne konkrete Maßnahmen, wie die Renovierung eines ganzen Straßenzuges, ist ein sinnvoller Akt der Stadterhaltung, von dem die Leute etwas haben. Die Opposition griff mich an und sagte, ich sei ja gar kein richtiger Stadtentwicklungsdezernent, sondern ein Stadtbaumeister. Ich habe entgegnet, ich hielte nichts davon, große Dinge anzuzetteln, die nicht fertig werden. Das werden nämlich alles Ruinen, und an der Schwalbacher Straße steht so eine Ruine der großen Visionen (gemeint ist die Hochbrücke, Anm. des Verf.). Jetzt müssen die Leute damit leben. obwohl die Vision von vornherein zum Scheitern verurteilt war. Es war eigentlich völlig undenkbar, man könnte quer durch die ganze Innenstadt eine anderthalb Kilometer lange Schneise schlagen: Die ganze Moritzstraße sollte halbseitig geschleift werden, um den Straßenanschluß zur Hochbrücke zu vollziehen.

S. Metz:
Zurück zu dem interessanten Thema Außenentwicklung: welche Planungen sind dann konkret umgesetzt worden?

D. Thiels:
Der Heidestock wurde begonnen. Die Siedlung Parkfeld in Biebrich wurde im Bauausschuß kontrovers diskutiert, weil die einen gesagt haben, wir wollen die Kleingartenanlage erweitern, die anderen wollen nur Häuser bauen. Auf meinen Vorschlag hin gab es einen Kompromiß, nachdem die Siedlung rund um die Kleingartenanlage gebaut wurde, und inzwischen ist dort ein toller Gartenverein entstanden, der sehr lebendig ist.
Trotzdem gabe es weiterhin viele innerstädtische Projekte wie den Umbau des Kaiser-Friedrich-Platzes an der Wilhelmstraße oder das Projekt des Umbaues des Luisenplatzes.

S. Metz:
Wie kam es zur Idee, eine Tiefgarage unter dem Luisenplatz zu bauen. War es Parkplatznot?

D. Thiels:
Nein, es war ursprünglich ein gestalterisches Thema, obwohl im gesamten Umfeld Parkplätze fehlten, und andererseits die Gehwege zu eng waren. Ich habe mich jedesmal furchtbar geärgert, wenn auf der Rheinstraße eine Frau mit dem Kinderwagen entgegenkam und man auf die Fahrbahn ausweichen mußte, zwischen zwei parkenden Autos hindurch. Das war nicht einzusehen, das ist eine riesige Straße, und ich wollte die Stadt dem Bürger auch wieder zugänglicher machen. Ich habe dann selber auf den Plänen die Spuren aufgeteilt, und dann wurde mit dem Umbau der Gehweg verbreitert, und seitlich konnten abschnittsweise sogar noch Autos parken.

Der Luisenplatz war bis dahin Parkplatz, und mit einer privatwirtschaftlichen Lösung für den Bau der Tiefgarage sowie diversen Bundeszuschüssen konnten wir den Platz von den Autos befreien und nach dem historischen Vorbild neu gestalten.

Allerdings ist zunächst der Bau der Tiefgarage beschlossen worden, weil sonst die Zuschüsse verfallen wären. Während der Bauzeit ist über die Oberflächengestaltung diskutiert und beschlossen worden. Und das alles innerhalb von zwei Jahren, das war schon ein Meisterstück unserer Bauverwaltung.

S. Metz:
Ein anderes Projekt war das Parkhaus Rhein-Main-Hallen, der sogenannte Giraffenkäfig.

D. Thiels:
Als ich ins Amt eintrat, fand ich für dieses Grundstück eine Planung für einen „grünen

Parkhaus Rhein-Main-Hallen
Rheinstr. 5

Entwurf: Hochbauamt

Bauherr: Landeshauptstadt
Wiesbaden

1981

Die achtziger Jahre – Wieder Wachstum und Wohnungsbau

Hügel" vor, ein Parkhaus begrünt mit Blumenkübeln und Kletterpflanzen. Nachdem man nämlich ein gut funktionierendes Parkhaus am Theater gebaut hatte, das sogar die Topographie mitmacht, wiederholen wir das Ganze an anderer Stelle. Nun war allerdings das neue Grundstück völlig eben, und die Idee des Hügels deshalb nicht gerade sehr naheliegend. Mir ging es darum, das Grundstück freizuhalten von festen Bauwerken, es mußte eines sein, über das man in zwanzig Jahren noch nachdenken, es vielleicht auch wieder demontieren konnte. Denn wie sich der Individualverkehr dann entwickeln wird, wissen wir doch heute noch nicht. Also habe ich den Vorschlag gemacht, ein Stahlparkhaus zu bauen, wie es einige Firmen schlüsselfertig anboten. Allerdings sind noch verschiedene Abänderungen gegenüber der Baufirma gefordert worden.
Die Kosten waren natürlich weit niedriger als für den „grünen Hügel", und so bin ich böse von der Opposition beschimpft worden: ich würde unterbelichtete Kosten anmelden und nachher nachfinanzieren. Aber dem war nicht so, und nach Fertigstellung und Abrechnung waren eigentlich alle zufrieden.

S. Metz:
Auch die von Ihrem Vorgänger Jordan initiierten Stadtteilbüros liefen weiter und waren sozusagen Vermittlungsstelle und Außenstelle des Stadtentwicklungsdezernates, um Planungen direkt vor Ort dem Bürger nahe zu bringen.

D. Thiels:
Ja, wir haben zusammen mit dem damaligen Mitarbeiter aus dem Stadtplanungsamt, Herrn Tober, sonntags morgens einen Frühschoppen im Stadtteilbüro durchgeführt. Hierzu wurden die Leute aus dem jeweiligen Wohnviertel eingeladen, es wurden Dias gezeigt und Pläne durchgesprochen über Verkehrsberuhigungsmaßnahmen etc. Die Bürger sind ja in der Regel nicht politisiert, die fanden das, was wir vorstellten, ganz vernünftig. Nur wenn dann jemand aus dem Ortsbeirat oder den Parteien begann, politisch zu reden, dann wurde gesagt: Aufhören, wir wollen wissen, was hier geplant wird. Die Leute interessierten sich allerdings nur für das, was um ihre Haustür herum passiert, aber dann waren sie ganz sachlich. Ich bin mit den Bürgern glänzend zurechtgekommen: ob bei dem Projekt der Erweiterung der Rhein-Main-Hallen oder bei Maßnahmen im Westend. Meine Erfahrung war: Wenn etwas spontan und unorganisiert besprochen wird, läuft das reibungslos. Wenn in den Gremien etwas erörtert wird oder gar eine Bürgerinitiative im Spiel ist, wird politisiert. Wenn die Mitglieder des Sanierungsbeirates zusammensaßen, in der Wirtschaft um die Ecke mit den Menschen redeten, war das fruchtbar. Aber zu den offiziellen Sitzungen kamen die Stadtverordneten, die sich da profilieren wollten und hielten immer politische Reden. Die Leute wollten aber keine politischen Reden hören, die wollten nur wissen, wie ihr Haus nachher aussieht, in dem sie wohnen.

S. Metz:
Herr Thiels, ich danke Ihnen für dieses Gespräch.

Mainzer Str. 118
Fa. Montabert

Entwurf: G. Christ, Wiesbaden

Bauherr:
Deutsche Montabert GmbH

1981

Der kompakte Baukörper nutzt den äußeren Ausdruck seiner Funktionen: gläserner Eckrisalit als Verwaltungstrakt, geschlossener Lagertrakt als ruhige Begleitung der verkehrsreichen Straße, geradezu zum Schutz der dahinterliegenden lichtdurchfluteten Werkstätten. Geschlossene, in hohem Maße schall- und wärmedämmende Bauteile erlauben das Leben und Arbeiten in dieser Dichte zur hochfrequentierten Verkehrsachse. Der Tribut: die Notwendigkeit, ein künstliches Klima zu schaffen.

Bürogebäude
Biebricher Allee

Architekt: Gresser und Würtz, Wiesbaden
Projektverfasser: Hans-Peter Gresser

Bauherr:
Bundesverband Druck e. V.
Haus des Deutschen Drucks

Vor dem Umbau

Nach dem Umbau

1982

Die Geschäftsstelle des Bundesverbandes Druck zeugt von einem bemerkenswerten Umgang mit vorhandener Altbausubstanz. Durch die Überarbeitung des räumlichen Gefüges, die Aufstockung, eine die Fassade prägende Stahlstruktur sowie durch reizvolle Außenbereiche wurde ein ehemals graues und nüchternes Bürohaus aus den 50er Jahren an der Biebricher Allee in Wiesbaden in einen zeitgemäßen und leicht wirkenden Verwaltungsbau verwandelt.
Das Dachgeschoß des Altbaus wurde abgetragen und durch ein Vollgeschoß in Leichtbauweise ersetzt. Somit verfügt das ehemals zweigeschossige Bürogebäude jetzt über vier Vollgeschosse.
Die Verzahnung zwischen alt und neu bildet eine filigrane Stahlkonstruktion im zweiten Obergeschoß, in der die Sonnenschutzelemente integriert sind.

Durch an der Fassade angebrachte Spannseile, die als Rankgerüst für einen Pflanzenbewuchs dienen, hat sich im Laufe der Zeit das Erscheinungsbild des Gebäudes über die Jahre verändert und die Strenge der Fassade aufgelockert. Die äußere technisiert anmutende Gestaltung des Gebäudes setzt sich im Innern fort. Die Farbe Weiß ist außen und innen bestimmend. Farbakzente setzen die grünen Fenster.

**Wohn- und Geschäftshaus
Weberhof**
Webergasse/Saalgasse
Bergkirchenviertel

Entwurf:
Michaelsen und Michaelsen,
Wiesbaden

Bauherr: GeWeGe, Gemeinnützige Wohnungsgesellschaft der Landeshauptstadt Wiesbaden mbH

1982

Die Bauvorhaben „Weberhof" vervollständigt die Sanierung am Kranzplatz in Wiesbaden. Der Weberhof schließt an das Palasthotel, bei dem die alte Bausubstanz modernisiert, umgebaut und der Nordflügel zum Kranzplatz neu angebaut wurde, als neue Blockbebauung an. Auch im Weberhof entstehen, ebenso wie bereits im Palasthotel, Wohnungen im Sozialen Wohnungsbau. Es sind 42, zumeist kleinere Wohneinheiten, die ausschließlich für Sanierungsbetroffene des benachbarten Sanierungsgebietes Bergkirchenviertel vorgesehen sind. Entlang der Webergasse und Langgasse sind in den unteren Geschossen ca. 1.000 qm Gewerbeflächen als Läden, Büros oder Praxisräumen angeordnet. An der Ecke Webergasse/Langgasse, genau im Blickfeld der auslaufenden Fußgängerzone, wird ein Cafe über zwei Geschosse mit Balkon-Freisitzen eingerichtet.

Durch die Blockbebauung entsteht im Inneren der Wohnanlage ein ruhiger Innenhof, zu dem sich fast alle Wohnungen mit wenigstens einer vom Verkehrslärm abgewandten Seite orientieren. Der Innenhof wird mit Pflanzhecken, Bäumen und Pflasterflächen gestaltet, auf ihn sind die Balkone und Terrassen ausgerichtet. Unter diesem Innenhof liegen, unter Ausnutzung des Geländegefälles, auf fünf versetzten Ebenen die Parkgeschosse. Ihre Einfahrt ist an der Saalgasse, die Ausfahrt an der Langgasse.

Die gewählte Blockbebauung nimmt in ihrer Höhe den Maßstab der umgebenden Bebauung auf. Als Gestaltungselemente sind an den Straßenfassaden vorspringende Erker angeordnet, die in der Erdgeschoßzone zu Stützen aufgelöst werden und mit farblich abgesetzen Umrahmungen die Ladenzone gliedern. Zum Innen-

Wohn- und Geschäftshaus Weberhof
Kranzplatz 1
Bergkirchenviertel

Entwurf:
H. Wilke, G. Kalkhof, Wiesbaden

Bauherr: GeWeGe, Gemeinnützige Wohnungsgesellschaft der Landeshauptstadt Wiesbaden mbH

1982

hof staffeln sich die Wohnebenen durch Terassen und Balkone ab, so daß eine ausreichende Weite und Besonnung erreicht wird. Eine technische Besonderheit ist die Nutzung der Thermalwasserwärme für die Heizung im Weberhof. Das im Kaiser-Friedrich-Bad in einer Wärmeaustauschstation aufgewärmte Heizwasser wird kostengünstig in die Fußbodenheizung des Weberhofes geleitet.

Das Wohn- und Geschäftshaus gehört zum Gesamtkomplex des Weberhofes. Die Baumaßnahme ist eine Besonderheit. Nach Teilabbruch des ehemaligen Kaufhauses Neckermann ist die vorhandene, konstruktive Bausubstanz teilweise wiederverwendet worden. Die Fassaden zur Langgasse hin wie zum Innenhof sind vollständig entfernt und das auskragende 1. Obergeschoß in die Bauflucht zurückgenommen worden. Um die neue, gefaltete Fassadenstruktur zu erreichen, mußten Betonschneidemaschinen die Obergeschoßdecken aussägen. Nach Abbruch des Dachgeschosses, konnten dafür zweigeschossige Maisonette-Wohnungen entstehen. Tragwerk, Treppenhaus und Aufzugsschacht des alten Gebäudes sind in den Neubau übernommen worden. Nach der völligen Neukonzeption der haustechnischen Anlagen haben Installationsschächte die Ver- und Entsorgungseinrichtungen aufgenommen.

**Wilhelm-Arcade
Passage zwischen Wilhelm-
und Herrnmühlgasse**

Entwurf: Wolfgang Grosser
Wolfgang Geertz,
Frankfurt/Main/Hamburg

1982

Die Wilhelm-Arcade verbindet die Wilhelmstraße mit dem Schloßplatz über die Herrnmühlgasse. Sie entstand durch den Umbau eines tiefen Zuganges zum ehemaligen Filmtheater „Ufa am Park" und durch Erneuerung der angrenzenden Rückbebauung. Die Architekten Wolfgang Frosser und Wolfgang Geertz, Hamburg/Frankfurt am Main, haben eine romantische Idee erneut aufgegriffen und verwirklicht: Der fünftürmige Accord der Marktkirche ist erstmals von der bebauten Seite der Wilhelmstraße aus voll erlebbar geworden und begleitet den Gang durch die Arcade. Unter der lichtdurchfluteten Tonnenkonstruktion haben exquisite Einzelhandelsgeschäfte besonders für Mode und Bekleidung repräsentative Verkaufsräume gefunden. Gleichzeitig ist für das Rheingauer Volkstheater eine großzügige, neue Eingangssituation in der Passage entstanden.

Eine Passage, die eine Verbindung zwischen zwei für den Fußgänger attraktiven Bereichen herstellt und deshalb noch heute funktioniert.

**Dr. Horst-Schmidt-Kliniken
Klinikum der Landeshauptstadt
Wiesbaden**
Ludwig-Erhard-Str. 100
Dotzheim

Entwurf:
Heinle, Wiescher + Partner
Planungsgesellschaft mbH,
Stuttgart

Bauherr:
Landeshauptstadt Wiesbaden

1. Bauabschnitt 1982 –
Hauptgebäude

2. Bauabschnitt 1983 –
Kinderklinik

1983

Die Planungsgeschichte des Klinikums geht bis in das Jahr 1843 zurück und wurde von politischen und finanziellen Differenzen, Gutachten und wechselnden Planungen begleitet. 1961 wurde aufgrund eines Gutachtens, das die Situation des ehemals an der Schwalbacher Straße ansässigen Hospitals zum Inhalt hatte, die Frage eines Klinikneubaus akut. Die wechselhafte Standortdiskussion wurde nach einem Architektenwettbewerb aus dem Jahr '64 erst im Jahr 1968 mit einem Bauplatz an der Fasanerie entschieden. Die vorangetriebene Planung fand dann allerdings nach einem weiteren Gutachten 1970 keine Zustimmung beim hessischen Sozialministerium. Die 1973 wieder aufgenommene Planung wurde begleitet von Rentabilitäts- und Bedarfszahlberechnungen, Diskussionen um das »klassenlose Krankenhaus« und immer weiter sinkenden Bettenzahlen, wobei das Beispiel des Aachener Klinikums seinen Anteil hatte. 1982 wurde der erste Bauabschnitt nach fast fünfjähriger Bauzeit bezogen, ein Jahr später konnte die von dem Wiesbadener Architekturbüro Fischer, Krüder, Rathai entworfene Kinderklinik bezogen werden. Der Bau ist geprägt von dem 238 m langen, sechsgeschossigen Hauptbau, und fingerartig daran angeschlossenen zwei- bis viergeschossigen Bauten.
1. Untergeschoß, Erdgeschoß und 1. Obergeschoß umfassen den Untersuchungs- und Behandlungsbereich, die restlichen Obergeschosse dienen der Normalpflege. Die dienenden Versorgungsbereiche sind zentralisiert und über eine „Automatische Warentransportanlage" mit dem Haupthaus verbunden, so daß aufwendige Hol- und Bringdienste, von z. B. Wäsche und Medikamenten, entfallen.

Passage „Bon Appetit"
Bahnhofstraße/Rheinstraße

Entwurf:
Prof. Ferdinand Stracke,
Gottfried Zantke, Bonn

Bauherr:
Claudia Schneider, Dieter Bock,
Königstein/Ts

1983

Damit das Ensemble der Remisenbauten als Bestandteil eines ehemaligen Hotels mit den rechts und links angrenzenden Gründerzeitbauten ablesbar blieb und ihre kleinteilige Gliederung nicht durch die viel größere Baumasse des Neubaus erdrückt würde, wurde die Neubaufassade ganz in Glas aufgelöst. Die Verglasung der Brüstungsflächen mit undurchsichtigem Glas gleicher Färbung wie die Fenster ergab eine neutrale Gliederung, die eine Diskrepenz zwischen den Geschoßhöhen der benachbarten Altbauten und dem Neubau vermeidet. Um die Remisen – insbesondere aus der Fußgängerperspektive – auch in ihrer plastischen Wirkung zu erhalten, wurde die Glasfassade über den Remisen zurückgenommen und in der Mitte soweit zurückgefaltet, daß ein Hof zwischen den Remisen erhalten bleibt und der verbindende Torbogen seine Funktion behält. Zwei vorgefaltete Erker nehmen die Fensterachsen der Remisen auf, ein zurückgefalteter Einschnitt betont die Mittelachse des Gebäudes und leitet – um 90° C gelenkt – als Glasdach der Passage in das Gebäude hinein. Daß diese Passage mit Geschäften für Delikatessen, Lebensmitteln und Weinen nicht funktionieren konnte, lag auf der Hand: Sie verbindet eben nicht zwei interessante Stadtbereiche miteinander, sondern liegt abseits des Geschäftszentrums.
Inzwischen sind die Läden zu Büros umgebaut, der Durchgang zwischen Rhein- und Bahnhofstraße geschlossen.

Luisenplatz
Platzgestaltung nach Bau einer
Tiefgarage

1984

Aufgrund der positiven Erfahrung mit der Umgestaltung der Adolfsallee in den Jahren 1976 bis 1978 bestand für Wiederherstellung des bislang vernachlässigten Luisenplatzes ein breiter Konsens. Bereits 1977 begannen die Voruntersuchungen zum Bau einer zweigeschossigen Tiefgarage, um den notwendigen Parkraum herzustellen. Anfang der achtziger Jahre wurde dann beschlossen, die 170 ebenerdigen Stellplätze durch eine Tiefgaragenlösung mit 320 Stellplätzen zu ersetzen. Zusätzlich wurde der Umbau der Bushaltestelle und der Bau eines Abwasser-Hauptsammlers unter dem Boden der Tiefgarage mit in das Konzept einbezogen – ein Kanalbauwerk mit immerhin 3 m Querschnitt! Die Neugestaltung der Platzoberfläche orientierte sich an dem klassizistischen Vorbild mit den beiden Baumalleen. Nach nur einjähriger Bauzeit konnte das Parkhaus im Juli, die Oberfläche bis Winter 1984 fertiggestellt werden.

Villa am Neroberg
Friedrich-Lang-Straße 11

Entwurf: Gresser + Würtz, Wiesbaden

Bauherr: privat

1983

In direkter Nachbarschaft zu Wiesbadens einzigem Weinberg liegt diese Einfamilienhausvilla. Ihre Einfügung in die Topographie entsteht nicht durch Anpassung an das hängige Gelände, sondern durch Selbstbehauptung.
Als luftiger, plastisch durchgegliederter, weißer Körper mit einem „in-door-garden", begrenzt durch ein prismatisches Glasdach, orientiert sich seine Gestalt an der Bauhaus-Tradition des benachbarten Opelbades und Wiesbadens einziger Bauhaus-Villa (1929) des Architekten Lehr.

Alle diese Gebäude scheinen im Geiste einander verwandt.

Verwaltungsgebäude der GEMA
Abraham-Lincoln-Str. 20

Entwurf: K.-H. Vesterling,
Wiesbaden

1984

Wie ein Insekt wendet sich der Kopfbau des Verwaltungsgebäudes mit Empfang, Konferenz- und Mehrzweckräumen und der Haupterschließung der Straße zu. Im hinteren Grundstücksteil schließt sich der zweibündige Bürotrakt mit Hausmeisterwohnung und Fluchttreppe an. Trotz des Stahlbetonskeletts sind die raumabschließenden Wände in konventionellem Mauerwerk errichtet.

Wilhelm-Kempf-Haus
Naurod

Entwurf: Kammerer, Belz, Kucher + Partner, Stuttgart

Bauherr: Bistum Limburg

1984

Die Inhalte der einzelnen Funktionsräume des Tagungshauses waren so weitgestreut, daß die Architekten die inhaltliche Analogie des Raumprogramms zur Stadt zum konzeptionellen Mittelpunkt ihres Entwurfs machten. Sie transformierten die „geordnete Komplexität" der kleinen, alten und gewachsenen Stadt, ihre strukturellen Merkmale und unterschiedliche Eindrücke wie groß/klein, geschlossen/offen, karg/prächtig in einen Hauskomplex stadtartiger Verdichtung. Die vorgefundene Straße, die zur Erschließung eines Spitals gedient hatte, wurde überhöhte, verglaste Achse des Hauses. An deren Südseite liegen von einer fast hundert Meter langen, sparsam durchbrochenen Ziegelwand, die ruhigen Bereiche des Wohnens und der Besinnung. Die von Säulen gefaßte nördliche Seite der „Straße" öffnet den Blick auf die differenzierten Bereiche des Zusammenlebens und Zusammenkommens.

Hessisches Hauptstaatsarchiv
Mosbacher Str. 55

Entwurf:
Gehrmann Consult GmbH,
Wiesbaden

Bauherr:
Staatsbauamt Wiesbaden

1985

Das heutige Hessische Hauptstaatsarchiv ist aus dem früheren königlich-preußischen Staatsarchiv hervorgegangen, das seit 1881 seinen Sitz in Wiesbaden hatte. Hier fand damals die bis in das Jahr 910 zurückreichende historische Überlieferung aus dem nassauischen Raum Aufnahme. Ferner war das preußische Staatsarchiv für die Übernahme historisch bedeutsamer Akten der Behörden im Regierungsbezirk Wiesbaden zuständig. Nach der Gründung des Landes Hessen im Jahr 1945 wurde dem Staatsarchiv Wiesbaden darüber hinaus die Übernahme historisch bedeutsamer Akten der hessischen Ministerien und anderer Behörden übertragen.

Im Frühjahr 1985 bezog das Hauptstaatsarchiv das Archiv am Mosbacher Berg, das als Haus der Geschichte konzipiert, den vielfältigen Aufgaben Rechnung trägt, die ihm aus wissenschaftlicher Forschung, Öffentlichkeitsarbeit und Verwaltung erwachsen. Das Gebäude gliedert sich in einen Magazinkern, der vom 2. Untergeschoß bis zum 4. Obergeschoß mit 60 cm dicken Wänden und Decken als Schutzbunker ausgebildet ist, in die ringsum angeordneten Technikbereiche einschließlich Tiefgarage in den Untergeschossen und in den das Magazin ebenfalls umfassenden zweigeschossigen Flachbau, der Verwaltung, Werkstätten, Eingangs- und Öffentlichkeitsbereich sowie die Hausmeisterwohnung enthält. Die äußere Erscheinung des Gebäudes wird neben der Baukörpergliederung bestimmt durch Verkleidung der Wandflächen mit rotbraunen Handformziegeln, dunkelrotbraunen Aluminiumfenster- und Verkleidungselementen.

Büro- und Produktionsgebäude
Berlinerstr. 161
Erbenheim

Entwurf: G. Christ, Wiesbaden

Bauherr: Fa. Eckelmann

1986

Die Aufgabe, für einen jungen, aufstrebenden Technologiebetrieb ein finanziell vertretbares und erweiterbares Betriebsgebäude zu konzipieren, führte zu einer minimalistischen Lösung. Einfachste Fertigteilskelettkonstruktion, schlichter Wandaufbau, zurückhaltendster Ausbau, minimalste Installationen im Sinne der „Moderne" mit klassisch anmutenden Fensterbändern.

Landeszentralbank Wiesbaden
Mainzer Str. 14

Architekten: Prof. Erich Schneider-Wessling, Köln

Bauherr: Landeszentralbank Hessen

1986

„Durch die Interpretation des Villentypus wird die Einfügung der großen Baumasse in die Umgebung ermöglicht. Die hohe Innenraumqualität entsteht durch die Anordnung der Arbeitsplatzebenen um eine offene zentrale Halle und die geschickte Lichtführung und sorgfältige Detaillierung."

Beurteilung der Jury des BDA „Gute Architektur in Hessen 1985 bis 1993".

Ausgezeichnet mit der Johann-Wilhelm-Lehr-Plakette.

**Zusatzversorgungskasse des
Maler- und Lackiererhandwerks
VVaG**
John-F.-Kennedy-Straße

Entwurf: Gresser + Würtz,
Wiesbaden

Projektverfasser: Peter Gresser

1987

Verwaltungsgebäude als Komposition von zwei Baukörpern; dabei besteht das dreigeschossige Bauwerk als Bautypus aus einem um einen Innenhof herum gruppierten Bürobau.
Das Atrium ist überglast. Die zum Innenhof hin liegenden Büros werden natürlich über diesen belüftet. Die Belüftung des Atriums erfolgt über im Boden liegende Lüftungskanäle, die Außenluft in die Halle einführen. Durch Öffnungen im Glasdach entsteht ein natürlicher vertikaler Luftstrom (Thermik), der den Hallenraum kühlt und mit Frischluft versorgt und auf natürliche Weise „klimatisiert".

Wohngebäude
Carl-von-Ossietzky-Straße
Klarenthal

Entwurf: Gresser und Würtz,
Wiesbaden

Bauherr: GWW, Gemeinnützige
Wiesbadener
Wohnbaugesellschaft

1987

In der von Ernst May konzipierten Siedlung Klarenthal aus den sechziger Jahren mit den dafür charakteristischen Zeilenbauten in Großplattenbauweise wurde eine „Zeile" eingefügt. Als langgestreckter, strenger Baukörper interpretiert er den vorhandenen Städtebau mit einer Architektursprache aus den „Mittachtzigern".

Es handelt sich um einen weißgeputzten Baukörper mit taubenblauen Geländern; die Balkone sind auf Stützen davorgestellt.

Es entstanden 80 Wohnungen (2- und 3-Zimmer-Wohnungen) im öffentlich geförderten Wohnungsbau.

Bezogen wurde das Gebäude 1987.

Büro- und Ausstellungsgebäude
Tannenstr. 6
Wiesbaden-Biebrich

Architekten: Kiessler + Partner,
München
Zaeske + Maul, Wiesbaden

Bauherr: Firma Siedle & Söhne,
Furtwangen

1987

Scheinbar nutzlos schien der schöne Jugendstilbau von 1904 zum langsamen Verfall verdammt zu sein, seit seine ursprüngliche Funktion als Stadtteilbahnhof im Jahre 1963 einer Streckenstillegung zum Opfer gefallen war. Heute jedoch ist er ein historisches Kleinod. Das Gebäude dient als Ausstellungs- und Schulungszentrum eines Unternehmens der Elektrotechnik.

Die Fassade wurde weitgehend erhalten. Das nicht mehr rekonstruierbare Jugendstilornament konnte flächendeckend saniert werden.
Das Innere erhielt eine völlig neue Aufteilung, die zum repräsentativen Charakter des Gebäudes paßt. So ist der Bahnhof ein Musterfall geworden für eine Symbiose von historischer Bausubstanz mit sachlich-funktionaler Moderne.

Umbau Bahnhof Waldstraße

Medizinisches Labor
Kreuzberger Ring 60
Erbenheim

Entwurf: Gresser + Würtz,
Wiesbaden

Projektverfasser: Peter Gresser

Bauherr: privat

1988

Im Gewerbegebiet Kreuzberger Ring in Wiesbaden-Erbenheim ist für eine Ärztegemeinschaft ein medizinisches Labor für ca. 100 Mitarbeiter errichtet worden.

Der zweischiffige, katamaranartige Baukörper ist als Fertigteilsystem entwickelt worden; Stützen, Unterzüge, Stahlstützen, Holzträger etc. sind vorgefertigt und auf der Baustelle montiert worden. Dach und Wände sind aus Aluminium. Das Wesen eines Labors – der Tests, des Forschens, des noch nicht Abgesicherten – findet die Entsprechung in architektonischer Gestalt.

Unterkunft der 1. Hessischen Bereitschaftspolizei
Wiesbadener Straße
Kastel

Entwurf: Udo Nieper, Darmstadt

Bauherr: Land Hessen,
Staatsbauamt Wiesbaden

1988

Auszeichnung
der Hessischen
Architektenkammer
„Vorbildliche Bauten
im Lande Hessen
1985–1989".

Beurteilung der Jury:

„Bei der Lösung der Aufgabe galt es, Tradition und Zeitmaß in ein stimmiges Verhältnis zu setzen. Auf dem ca. 100 Jahre alten „Kasernenplatz" sind 3 Gebäude von eindrucksvollem Charakter in einer guten städtebaulichen Ordnung zueinander konzipiert. Die vollkommene Begrünung des sonstigen „Exerzierplatzes" wird von Wasserspielen und Bankanlagen sympatisch unterstrichen. Die Abwinkelung der seitlich zur historischen „Mudra-Kaserne" stehenden Gebäude ist sehr geschickt vorgenommen, um das alte Gebäude in den Platz sehr natürlich einzubinden. Desgleichen ist die Wahl der baulichen und gestalterischen Mittel sensibel ausgefallen. Die leicht oberitalienisch anmutenden weit auskragenden Dachkanten geben dem Bauwerk einen eigenwilligen und auch wohltuenden Abschluß. Die rhythmisch wiederholten erkerhaften Bauteile benötigen an ihrem Abschluß etwas mehr Klärung.
Die Weiterführung regionaler Bautypologie ist in der Fassadengestaltung hervorragend durchgeführt."

Sporthalle
Konrad-Adenauer-Ring 45

Entwurf:
Bremmer, Lorenz, Frielinghaus
Planungsgesellschaft mbH,
Friedberg

Bauherr:
Landeshauptstadt Wiesbaden

1989

Unter dem schräg nach Norden zur Konrad-Adenauer-Straße hin ansteigenden Dach nimmt der Baukörper in zwei Geschossen eine 4-Feld-Halle mit Teleskoptribüne für 500 Besucher im EG, sowie 12 Kegelbahnen mit Gaststätte und einen Turn-/Judoraum im UG auf. Haupteingang für die Zuschauer und Erschließungsgang für die Tribüne ist die vorgelagerte Glasröhre. Die Umkleideräume auf der Südseite sind um ein halbes Geschoss abgesenkt, sodaß die Dachbegrünung dieses Gebäudeteils in die Topographie des stark begrünten Grundstücks übergeht und das sichtbare Volumen reduziert. Dies entspricht dem Gestaltungskonzept der Halle, des „Herauswachsens" technisch-konstruktiver Formen aus einem Grünbereich.

Geschoßwohnungsbau
Schachtstraße 27
Sanierungsgebiet Bergkirchenviertel

Entwurf: Gresser + Würtz,
Wiesbaden
Projektverfasser: Hans-Peter Gresser

Bauherr: GWW, Gemeinnützige
Wiesbadener Wohnbau GmbH

1987

Durch Abriß von zwei baufälligen Gebäuden an einer Ecksituation im Sanierungsgebiet Bergkirche wurde eine neue Bebauung notwendig. Das neue Gebäude enthält Sozialwohnungen.
Um der historischen Situation gerecht zu werden, sind an dieser Ecke zwei Gebäudegestalten wiedererstanden. Ihre formale Ausbildung nimmt nicht nur die Ziegelarchitektur der Nachbarschaft auf, sondern setzt sich auch durch ihre kleinplastische Gliederung im Detail und durch mehrtonige und farbig glasierte Ziegel mit dem historischen Bestand auseinander.

Wohngebäude
Eberbacher Str. 7
Rheingauviertel

Entwurf: Nassauische Heimstätte
GmbH, Frankfurt/Main

Bauherr: Nassauische Heimstätte
GmbH, Frankfurt/Main

1990

Auf den ersten Blick wenig modellhafter Eindruck. Dennoch: Die Nassauische Heimstätte realisiert hier das erste Pilotprojekt ökologischen – und öffentlich geförderten – Wohnungsbaues in Wiesbaden: 24 Wohnungen mit besonderer Wärmedämmung, Heizungssystem inkl. Solarenergienutzung, ausgewählte Baumaterialien, Dachbegrünung und Spararmaturen. Die Idee der Regenwassernutzung wurde wegen hygienischer Bedenken nicht umgesetzt.

Die neunziger Jahre – Wiesbaden in der Metropol-Region Rhein-Main

Dipl.-Ing. Thomas Dilger, Stadtentwicklungsdezernent

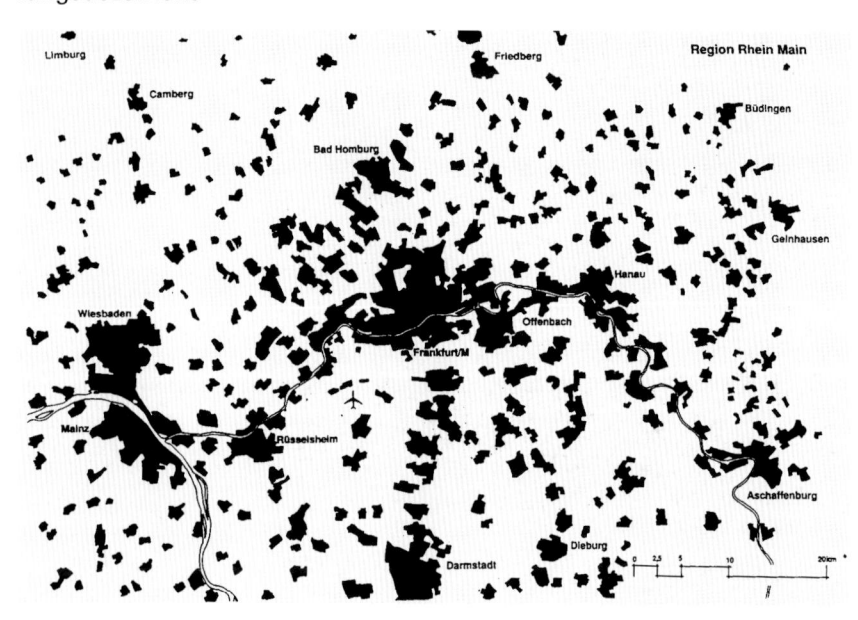

Rhein-Main-Gebiet

„Politische Planung in der Rhein-Main-Region erfordert Kooperation und Arbeitsteilung. Produktion und Handel, Wohnen und Dienstleistung, Freizeit und Erholung kann es nicht im gleichen Umfang überall geben. Die Gebietskörperschaften müssen ihre Planungen, die Auswirkungen haben auf die Gesamtregion, aufeinander abstimmen. Mehr als andere Regionen ist Rhein-Main durch eine polyzentrische Struktur geprägt. Jede Stadt, jede Gemeinde, jeder Landkreis besitzt seine individuellen und unverwechselbaren Eigenheiten und sichert auf diese Weise die Vielfalt des Gesamtraums ..." (aus der Rhein-Main-Erklärung der Oberbürgermeister der Region im Sommer 1991).

Mit dem Begriff „Rhein-Main-Region" kann kaum ein Bürger dieses Raumes etwas anfangen. Der Begriff ist blutleer. Anders als im Ruhrgebiet, in dem es aufgrund der geschichtlichen Entwicklung seit Beginn der Industrialisierung frühzeitig Kooperationsformen zwischen Städten und Gemeinden gab (Siedlungsverband Ruhrkohlenbezirk / Kommunalverband Ruhrgebiet), hat sich ein Regionalbewußtsein im Rhein-Main-Gebiet bislang nicht entwickelt und die Zusammenarbeit zwischen Städten und Gemeinden geht bisher kaum über das sonst im Bundesgebiet Übliche hinaus. Nun ist die Ausgangslage in den Regionen auch eine völlig unterschiedliche. Der Abbau von unterirdischen Bodenschätzen, die Bergbaufolgen, die Stahlindustrie, die Bergschäden, der Einfluß der Industrie, Kohle und Stahl auf alle Lebensbelange, auch auf die Städte und Gemeinden, hatten von vorneherein einen größeren Maßstab, einen großräumigen regionalen Charakter, so daß die Lösung der anstehenden Aufgaben nur mit den Möglichkeiten, die die Planungshoheit den Gemeinden bietet, nicht denkbar gewesen wäre.

Anders im Rhein-Main-Gebiet. Diese Region wächst erst in den letzten Jahrzehnten zusammen. Das Rhein-Main-Gebiet ist erst durch die heutigen Verkehrsmittel und die heutige europäische Dimension der Wirtschaft in einen kaum vergleichbaren Lagevorteil gekommen.

Wir liegen zentral in der sogenannten „Eurobanane", jenem bananenförmigen imaginären Raster, über den entwicklungsträchtigsten Städtenetzen und Stadtregionen Europas (von London bis zur Lombardei). Wir liegen im Schnittpunkt wichtigster Verkehrsachsen (Autobahn / Eisenbahn / Schnellbahn und Rhein-Main-Flughafen). Wir haben Lebens- und Freizeitqualitäten, die als „weiche Standortfaktoren" bei der Betriebsansiedlung heute eine entscheidende Rolle spielen. Und wir haben in den Teilen der Region eine sehr unterschiedliche Geschichte. Alle Städte und Gemeinden, seien es Frankfurt – früher freie Reichsstadt, heute Metropole und Finanzzentrum – oder Wiesbaden – Kur- und Kongreßstadt, heute Landeshauptstadt und größter Versicherungsstandort – oder Mainz – früher geistig, geistlich und wirtschaftlich eine Stadt von europäischer Dimension und heute Landeshauptstadt und wirtschaftlicher Mittelpunkt eines großen Hinterlandes – oder die frühere Residenz- und heutige Universitätsstadt Darmstadt; alle haben ihr Eigenleben und die Kooperation im größeren Umfang wird erst Ende des 20. Jahrhunderts notwendig, aber jetzt umso dringender, um gemeinsam auf den europäischen Markt reagieren zu können, um gemeinsam die Verkehrsprobleme einer Lösung zuzuführen und die Wohn- und Arbeitsplätze sinnvoll zu verteilen, so zu verteilen, daß die Qualität der Region, ihre Vielfalt, ihre kulturelle Eigenart und insbesondere ihre landschaftliche Einbindung, ihr Freizeitwert erhalten bleiben.

Zur Entwicklung der Stadt Wiesbaden selbst: Schwerpunkt Wohnungsbau

Die früher eher betuliche Weltkurstadt hat sich deutlich verändert. Konnte man noch Ende der 80er Jahre damit reüssieren, möglichst alles zu lassen, wie es ist, so ist heute durch die Entwicklung im Osten Deutschlands und Europas jedem klar geworden, daß wir auch in einer Stadt wie Wiesbaden, der es vergleichsweise gut geht, mitten in drängenden Problemen stecken. Die Zuzüge aus dem Osten in den ersten Jahren nach der Wiedervereinigung haben ein Problem verdeutlicht, was auch ohne sie eigentlich schon da war und seit der Volkszählung spätestens jedem bekannt war, nämlich einen eklatanten Mangel in der Wohnraumversorgung. Die Landeshauptstadt Wiesbaden hat zur Zeit ca. 265.000 Einwohner und einen akuten Wohnungsbedarf von immer noch über 10.000 Wohnungen, auch wenn in den Jahren 1994/95 der Druck ein wenig nachgelassen hat. Der Bedarf resultiert nicht so sehr aus dem Bevölkerungswachstum zu Beginn der 90er Jahre, Schuld ist nicht die Völkerwanderung aus dem Osten, sondern die schon jetzt zu Engpässen führenden Veränderungen des Wohnverhaltens. In der dramatischen Verkleinerung der Haushalte auf inzwischen durchschnittlich unter zwei Personen pro Wiesbadener Haushalt (starke Überalterung, höhere Scheidungsraten, eine größere Anzahl von jungen Single-Haushalten) liegt die Hauptursache für die Wohnungsengpässe.

Allerdings sagen die aktuellen gesamtdeutschen Bevölkerungsprognosen (Mitte 1995) einen Bevölkerungszuwachs in Deutschland von 82 Mio. Einwohnern um 5 Mio. auf 87 Mio. Einwohner vorher, sie gehen insbesondere von einem starken Bevölkerungsanstieg in den Ballungsräumen und von einer Entleerung der ländlichen Regionen aus. Im Rhein-Main-Gebiet heißt das, daß bis zum Jahre 2010 mit mindestens 200.000 zusätzlichen Einwohnern zu rechnen wäre. 10 Prozent davon, also 20.000 Einwohner müßten dann im Raum Wiesbaden mit Wohnungen versorgt werden. Ich nenne diese Prognosen und auch unsere eigenen, die wir für den neuen Flächennutzungsplan erarbeitet haben, mit allen Vorbehalten, selbst wenn ich das zu erwartende Wachstum aber nur mit der Hälfte dessen annehme, was die derzeitigen Prognosen vorhersagen, heißt das, daß wir in Wiesbaden auch in den nächsten Jahren ein beachtliches Wohnungsbaupensum zu erfüllen haben. 25.000 Wohnungen bis 2010, für den Fall, daß die Bevölkerung nicht wüchse, zuzüglich dann noch 5 – 10.000 Wohneinheiten für zusätzliche neue Wiesbadener Bürger.

Wir haben die wohnungspolitische Herausforderung, wie sie sich zu Beginn der 90er Jahre drastisch darstellte, bei einer Baulandreserve von nur 3 % radikal angenommen. Wir hatten auch keine Alternative. Noch Ende der 80er Jahre wurde Land auf / Land ab auch – so auch in Wiesbaden – der Versuch gemacht, durch Nichtausweisen von Bauland alles zu lassen, wie es ist. Der Versuch erscheint im Nachhinein absurd, es bleibt eben nichts wie es ist. Die ökologisch motivierten städtebaulichen Leitbilder der 80er Jahre erweisen sich in Wachstumsregionen als nicht haltbar: Die Folge des Nichtausweisens von Bauland, sind Verdrängungsprozesse, mit denen man dann irgendwann nicht mehr fertig wird. Die Umlandgemeinden wachsen geschwürartig, weil die Bewohner mit mittlerem Einkommen, die keinen Anspruch auf Segnungen des Staates in Form von Wohngeld haben, aber auch nicht zu den Begüterten gehören, die sich die wenigen teuren Wohnungen und Bauplätze in der zu eng gewordenen Großstadt leisten können, hinaus in die Umgebung ziehen. Sie arbeiten aber weiter in Wiesbaden und belasten die Stadt, die ihnen keinen Platz zum Wohnen geben konnte, stattdessen mit Abgasen und 8 m^2 je Auto, als Pendler. Sie melden ihre Kinder zur weiterführenden Schule in der Stadt an, da dort das Angebot interessanter und vielfältiger ist. Sie nutzen die Kliniken trotz eigener Krankenhäuser etc. …

Seit 1990 wird gegengesteuert. U. a. ist seit 1991 Hessens derzeit größtes Wohngebiet im Bau, das Gebiet „Sauerland" mit 1.300

Die neunziger Jahre – Wiesbaden in der Metropol-Region Rhein-Main

Wohnungen, die Hälfte ist 1995 fertiggestellt. Schule, Kindergarten und Kirche befinden sich in Planung bzw. Ausführung. Im „Sauerland" wird versucht, die Fehler der Großsiedlungen der 60er und 70er Jahre zu vermeiden, alles zu tun, um für die 3.000 zukünftigen und zum Teil schon vorhandenen Bewohner ein menschlich angenehmes Nebeneinander in verdichtetem Wohnungsbau zu ermöglichen. Jedes Jahr wird für drei oder vier Blöcke ein Architektenwettbewerb ausgelobt. Die planerische Auseinandersetzung mit dem Thema verdichtetes Wohnen in Block oder Zeile bringt mit jedem weiteren Wettbewerb überraschende innovative Lösungen. Aber nicht nur die Architektur, auch die Planung der öffentlichen Infrastruktur wurde sorgfältig unter Einschaltung anderer Fachdisziplinen geplant. Vielfältige Spielflächen entstehen, Sicherheitsaspekte im Städtebau für die Bewohner/-innen wurden heiß diskutiert und die öffentlichen Einrichtungen, wie Kindertagesstätten wuchsen schrittweise mit der Zahl der Wohnungen. Genauso wie der öffentliche Nahverkehr, der eine separate Bustrasse erhalten hat.

Neue Wege der Baulanderschließung und der Preisdämpfung im Wohnungsbau

Die Grundstücke im Neubaugebiet „Sauerland" wurden vor Jahrzehnten gekauft – sie sind heute noch bezahlbar. Anders sieht es in sämtlichen sonstigen potentiellen Stadterweiterungsbereichen aus. Der durchschnittliche Grundstückspreis (erschlossenes Bauland) liegt in Wiesbaden zur Zeit – nach einer Umfrage des Rings Deutscher Makler – bei 1.300,- DM / m² in durchschnittlichen Lagen. Damit ist Geschoßwohnungsbau, aber auch sonstiger Wohnungsbau für Normalverdiener nicht mehr zu finanzieren. Die Stadt Wiesbaden entschloß sich deshalb, nachdem schon seit 1989 ein deutlicher Preisanstieg zu erkennen war, 1992 zur weiteren Mobilisierung von dringend notwendigem Bauland das Instrument der städtebaulichen Entwicklungsmaßnahme einzusetzen. Die Entwicklungsmaßnahme erlebte mit dem neuen Investitionserleichterungs- und Maßnahmengesetz zum Baugesetzbuch in ganz Deutschland eine regelrechte Renaissance. Die Euphorie wich allerdings hier – wie fast überall im Lande – sehr schnell, nachdem sich die nicht ausreichende Praktikabilität der neuen Vorschrift herausstellte. Um jahrelange Rechtsstreite mit Grundstückseigentümern zu vermeiden und eine Lösung im Konsens zu suchen, wurde deshalb eine neue Variante entwickelt, eine freiwillige Umlegung mit einem deutlich höheren Öffentlichkeitsanteil.

Für das Baugebiet Hainweg in Nordenstadt wurde so im Laufe des Jahres 1995 mit den Grundstückseigentümern im Grundsatz Einvernehmen erzielt, so daß das Baugebiet „Hainweg", mit immerhin 1.200 Wohnungen und 10 ha Gewerbefläche für mittelständische Betriebe, eine Chance hat, in wenigen Jahren realisiert zu werden. Die Stadt Wiesbaden hat über den größeren Öffentlichkeitsanteil die Möglichkeit die gesamte Infrastruktur inklusive Schule und Kindergarten über den Grundstückspreis zu finanzieren (wie bei der Entwicklungsmaßnahme), und die Einigung mit den Eigentümern ermöglicht eine schnelle Erschließung und Umsetzung des Gebietes. Der direkte Einfluß auf den Baulandpreis allerdings ist bei diesem Verfahren nicht gegeben. Indirekt aber kann die Stadt marktbeeinflussend wirken, in dem sie ihre eigenen Flächen preisdämpfend einsetzt, was angesichts des inzwischen großen städtischen Flächenangebotes auch erfolgversprechend zu sein scheint.

**Planung für das Baugebiet
Hainweg in Nordenstadt**

Planung 1994/1995
1.200 Wohnungen und Gewerbe
auf 29 Hektar

Entwurf: Dipl. Ing. C. Halfmann
Stadtplanungsamt

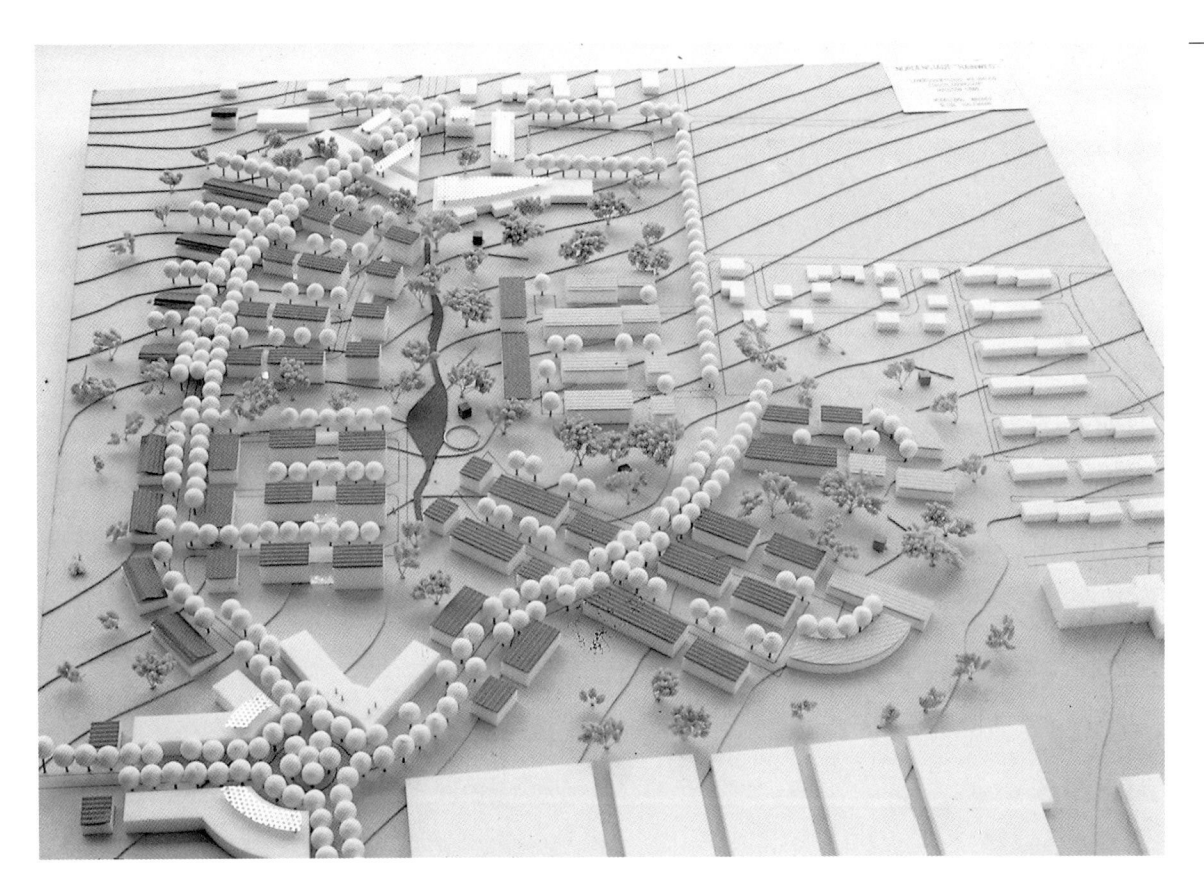

Der Geschoßwohnungsbau konzentriert sich östlich des verlängerten Westringes. Den höchsten Gebäuden im Siedlungskern sind dabei die meisten Grünflächen zugeordnet. Westlich des Westringes bilden zweigeschossige Reihen- und Doppelhäuser den Übergang zur freien Landschaft. Für den westlichen Teil des Baugebietes ist ebenfalls Geschoßwohnungsbau vorgesehen, der durch Reihenhäuser als Verbindung zur vorhandenen Bebauung ergänzt wird. Die Versorgungseinrichtungen wie Schule, Kindergarten und Läden sind im Norden geplant. Entlang der vorhandenen Borsigstraße sind im Süden des Gebietes auch Flächen für nichtstörendes Gewerbe vorgesehen. Eines der wenigen großen Neubaugebiete Wiesbadens, das auf „der grünen Wiese" geplant ist.

Die neunziger Jahre –
Wiesbaden in
der Metropol-Region
Rhein-Main

Stadterweiterung nach innen

Als Glücksfall erwies sich die Konversion bisheriger Militärflächen in Wiesbaden. Die Stadt beschränkt sich nicht nur auf die Bauleitplanung, sondern hat in zwei Camps – im Camp Lindsey und Camp Pieri – direkt über Grunderwerb steuernd eingegriffen. Durch Gründung einer Stadtentwicklungsgesellschaft werden Vermarktungs- und Erschließungsvorgänge koordiniert, beschleunigt und öffentliche Einrichtungen über Erlöse aus Grundstücksgeschäften finanziert. So entsteht im Camp Lindsey fast mitten in der Stadt – in einem ehemaligen Kasernengelände, das wie ein Pfahl im Fleische der Stadt steckte – ein neuer Stadtteil mit Wohnungen für über 2.000 Menschen und einer gleichgroßen Zahl von Arbeitsplätzen.
Während das Camp Lindsey durch Geschoßwohnungsbau geprägt ist, werden im Camp Pieri überwiegend Reihenhäuser entstehen, insgesamt fast 600 Wohnungen.

Für den Flughafen Erbenheim hat die Stadt bereits Pläne für eine zivile Nutzung: ein neuer Ortsteil mit 4.500 Wohnungen...

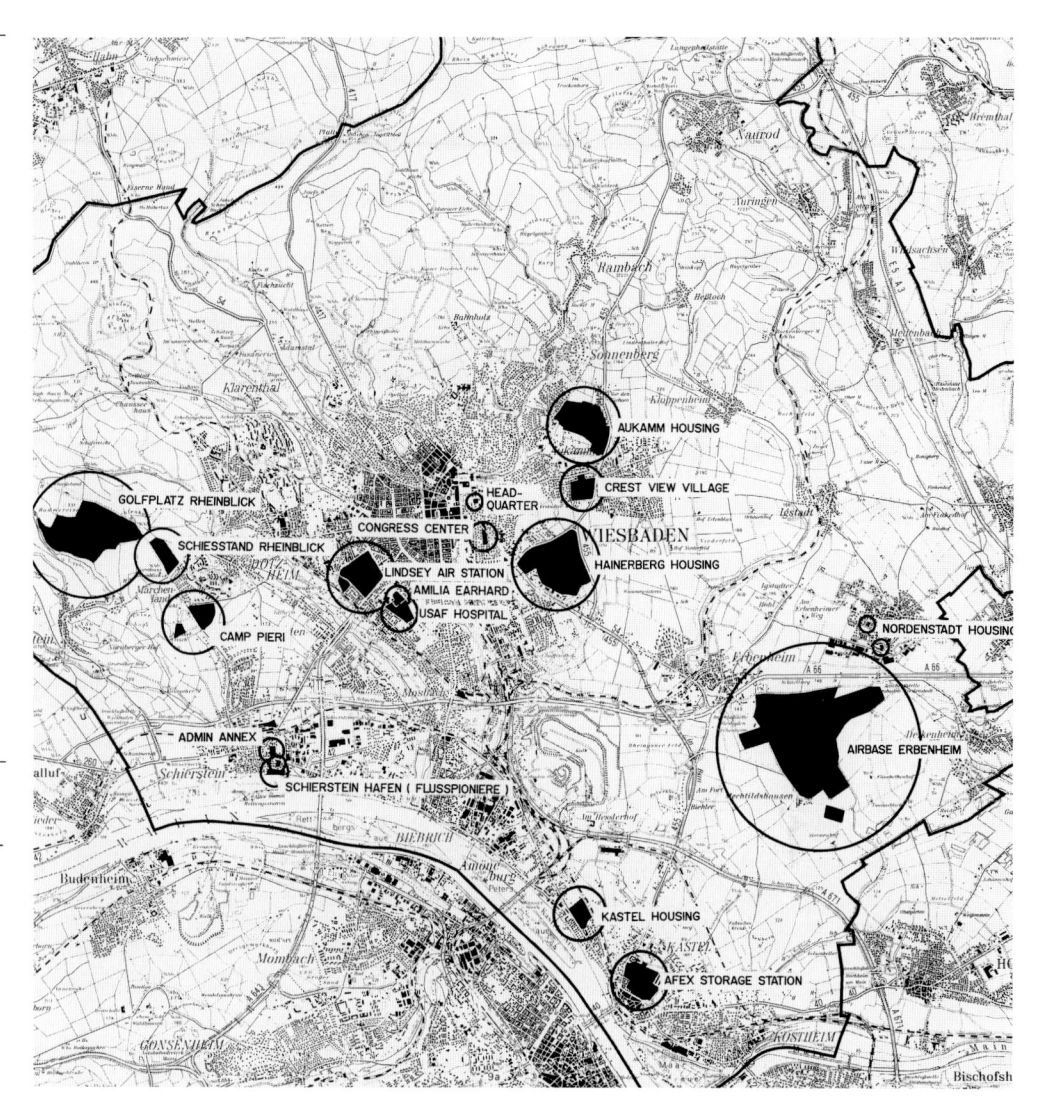

Konversion von Militärflächen

Infolge der durchgreifenden Änderung der politischen Verhältnisse in den letzten Jahren werden in größerem Umfang militärisch genutzte Flächen aus der bisherigen Nutzung entlassen; seit Beginn der neunziger Jahre sind rund 20.000 Angehörige der amerikanischen Streitkräfte aus Wiesbaden abgezogen.
Ungeachtet aller Unwägbarkeiten wie der Altlastenproblematik derartiger Flächen oder der Notwendigkeit der vorübergehenden Unterbringung von Asylbewerbern in Kasernen ergibt sich eine einmalige Chance, die vorhandenen Flächenpotentiale in ein langfristiges Stadtentwicklungskonzept einzubinden. Immerhin handelte sich um eine Gesamtfläche von 335 ha, die auf günstige, verkehrlich gut angebundene Standorte innerhalb der Stadt verteilt ist. Zudem befinden sich die vorhandenen Gebäude z. T. in einem einwandfreien Zustand, so daß eine weitere Nutzung durchaus möglich oder – im Falle des Denkmalschutzes – geboten ist.
Für einige der Standorte bestehen konkrete städtebauliche Rahmenpläne, die entweder eine Mischnutzung von Wohnen, Gewerbe und Grün oder eine ausschließliche Wohnnutzung vorsehen.

Überblick über zum Teil noch immer von den Angehörigen der US-Streitkräften genutzten Militärflächen und Siedlungen. Bestand von 1991.

Die neunziger Jahre –
Wiesbaden in
der Metropol-Region
Rhein-Main

Konversionsfläche Camp Pieri

Städtebauliches Konzept

Entwurf Dipl.-Ing. Bachmann
Stadtplanungsamt, 1994

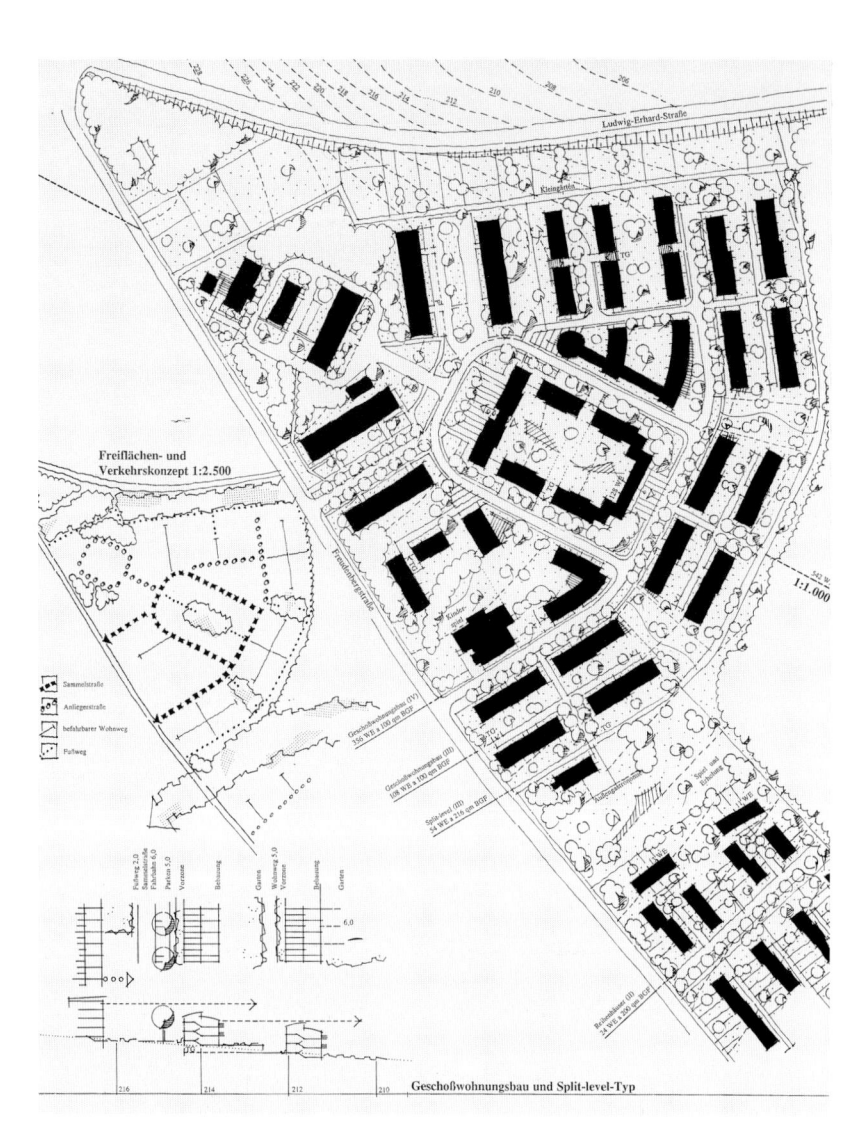

Der Bereich Camp Pieri umfaßt eine Fläche von insgesamt 14 ha. Es handelt sich dabei um eine ehemals von den Amerikanern genutzte Kaserne, die heute für die Zivilbevölkerung zur Verfügung gestellt werden soll.

Auf dem Gelände sind einige Gebäude vorhanden, die aufgrund ihrer guten Bausubstanz und des damit verbundenen wirtschaftlichen Wertes nicht zur Disposition stehen. Als Bindung wird auch das vorhandene Straßensystem angesehen, das dem Gelände die Form eines Dreiecks gibt. Eine weitere Bindung ist die Topographie, die von Nordwest nach Süd-Ost fällt.
Für die zukünftige Bebauung mit insgesamt 700 Wohnungen wurde aufgrund dieser Vorgaben eine Zeilenbebauung gewählt, die zum einen durch das vorhandene Straßensystem, zum anderen durch kleinere Wohnwege erschlossen wird.

Für den östlichen Bereich wurden Reihenhäuser vorgesehen, die den Übergang in die Grünflächen gewährleisten. Die Grünzone entlang der Ludwig-Erhard-Straße wird in NW/SO-Richtung durch das Gebiet hindurchgeführt und mit den Grünflächen an den Horst-Schmidt-Kliniken verzahnt. Daneben verbinden innerhalb des Gebietes kleinere Grünzüge die einzelnen Wohnzeilen, so daß ein zusammenhängendes Grünnetz entsteht.

Camp Lindsey

Städtebauliches Konzept

Entwurf: Dipl.-Ing. Bachmann
Stadtplanungsamt, 1994

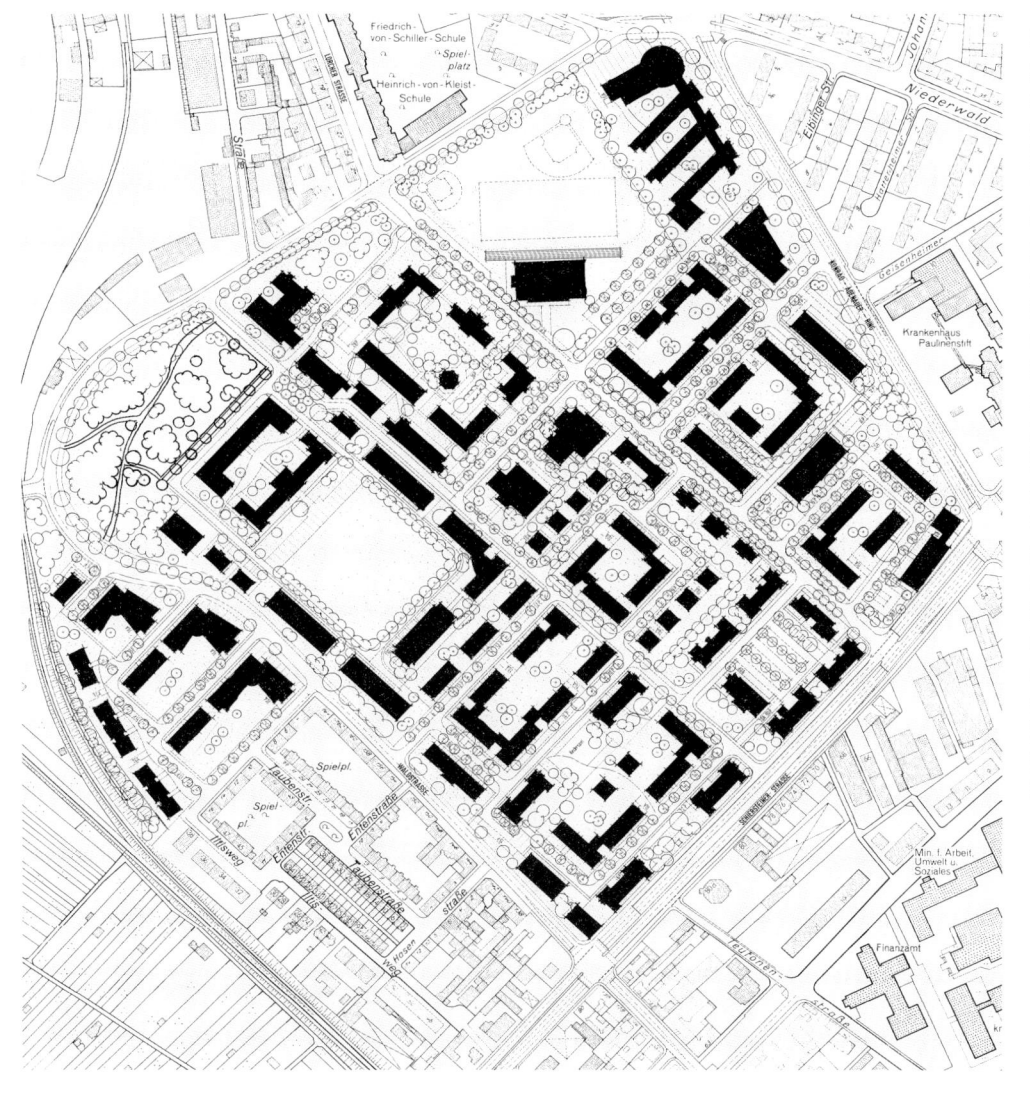

Mit dem Übergang des ehemaligen Camp Lindsey an der Schiersteiner Straße in das Eigentum des Bundes endete 1993 eine fast hundertjährige Militärtradition. 1897 entstanden hier die ersten Gebäude der Gersdorff-Kaserne; nach dem 2. Weltkrieg übernahmen die US-Streitkräfte das 33 Hektar große Areal, das sie nach Darrell R. Lindsey, einem Bomberpiloten, benannten. Knapp ein Drittel der 107 Gebäude stehen unter Denkmalschutz. Neben rund 800 Wohnungen in Neubauten werden in den nächsten Jahren verschiedene Einrichtungen angesiedelt: u. a. das Bundeskriminalamt, die Polizeiverwaltung, eine Sprachenschule, die Volkshochschule, das Einwohnermeldeamt, eine Kindertagesstätte sowie ein Schwesternwohnheim des Paulinenstiftes. Über ein Blockheizkraftwerk wird das gesamte Quartier mit Nahwärme versorgt.

Die neunziger Jahre – Wiesbaden in der Metropol-Region Rhein-Main

Entwurf: Dipl.-Ing. A. Bachmann Stadtplanungsamt, 1994

Der Güterbahnhof West – in ca. 1 km Luftlinie von der Innenstadt entfernt gelegen – bietet durch die Aufgabe der Bahnhofsfunktionen die typischen Voraussetzungen eines Recycling-Gebietes für Gewerbe und Neubau. Ein zentraler Grünzug gliedert die vorgesehene Bebauung mit gewerblicher Nutzung im Westen, Reihenhäusern im Süden und Geschoßwohnungsbau im Osten. Insgesamt sind rund 700 Wohnungen möglich. Derzeit sind die Flächen von der Bahn AG an einzelne gewerbliche (extensive) Nutzer vermietet. Die Stadt steht in Verhandlung mit der Bahn AG mit dem Ziel, das Gelände einer verdichteten Bebauung zuzuführen.

Güterbahnhof West

Durch die Konversionen, aber auch die abgeschwächte konjunkturelle Entwicklung wurde glücklicherweise der Druck auf den Wohnungsmarkt in Wiesbaden schwächer – Grund zur Entwarnung besteht angesichts der mittel- und langfristigen Prognosen allerdings nicht.

Und dennoch, die Chance, die Stadt nach innen zu erweitern durch Umnutzung von Militärgeländen, ist jedem Neubaugebiet auf der grünen Wiese vorzuziehen. Trotz aller Wohnungsprobleme darf es nicht passieren, daß Wiesbaden einer massiven Zersiedelung Vorschub leistet und alle Prinzipien des Natur- und Landschaftsschutzes über den Haufen wirft. Kontinuität in der Stadtentwicklung ist notwendig. Was an Bauverhinderung aufgrund ökologischer Bedenken Ende der 80er und Anfang der 90er Jahre zuviel geschehen ist, darf nicht jetzt umgekehrt werden in Landschaftszerstörung. Folgerichtig haben wir bei unseren Bemühungen, die notwendigen Flächen für Wohnungsbau, aber auch für Arbeitsstätten zu finden, im Innenbereich gesucht und tatsächlich auch Flächen gefunden. Sechs Bebauungspläne für Recycling-Gebiete befinden sich in Arbeit (z. B. früherer Güterbahnhof und minderwertig genutzte Flächen, die jetzt für Wohnungen und Arbeitsstätten nicht störender Art umgeplant werden). Das größte dieser Gebiete ist das 160 ha umfassende Planungsgebiet „Mainzer Straße", in dem aus einem schwach genutzten innenstadtnahen Gewerbegebiet eine regelrechte Innenstadterweiterung mit einer innenstadtähnlichen Ausnutzung entstehen soll. Der Prozeß wird sich über 10 bis 15 Jahre hinziehen und ist dennoch die spannenste stadtentwicklungspolitische Aufgabe in Wiesbaden, da wir hier den Versuch unternehmen nur durch Veredelung des Geländes und durch ein starkes Zusammenwirken von Liegenschaftspolitik und Planungspolitik den Umwandlungsprozeß durch Betriebsverlagerungen sanft zu fördern. Einige Bürogebäude in dem Gebiet sind entstanden, aber auch schon 400 Wohnungen. Wenn das Gebiet „Mainzer Straße" einmal die jetzt geplante Gestalt erreicht hat, wird es in Teilbereichen auch an die Gründerzeitviertel erinnern – etwas lockerer – aber es werden Elemente wie der Quartiersboulevard, die Alleen, die Plätze wiederauftauchen. Das Gebiet „Mainzer Straße" verdeutlicht das prozeßhafte von Stadtplanung, ist aber auch deshalb ganz besonders spannend, weil der Entwicklung ein nachhaltiger Ansatz zugrunde liegt:

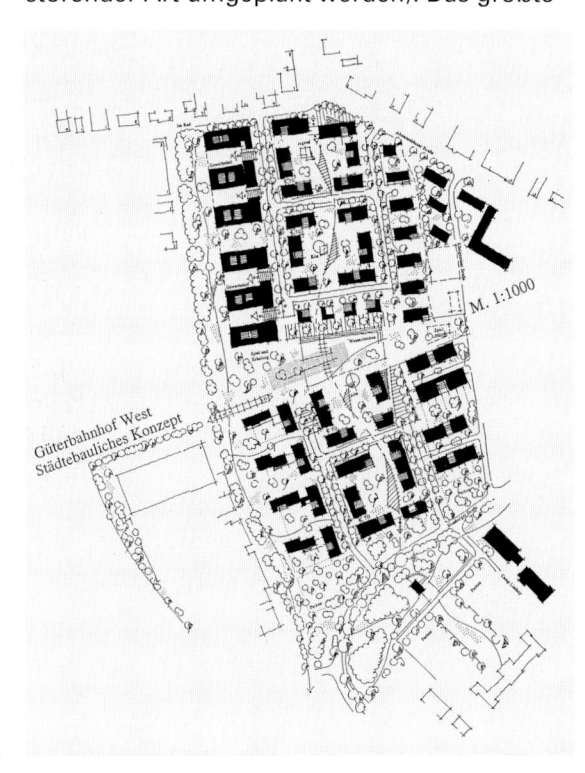

Stadt- und Regionalplanung müssen heute so geartet sein, daß die Befriedigung von Bedürfnissen unserer Generation nicht zu Lasten der Möglichkeiten und Bedürfnisbefriedigung künftiger Generationen gehen. Dieser Grundsatz gilt in ökologischer, ökonomischer und sozialer Hinsicht. Das man diesen Anforderungen in einem einzelnen Planungsgebiet gerecht werden kann, ist sicherlich die Ausnahme. Das Planungsgebiet „Mainzer Straße" mit seinem enorm hohen Versiegelungsgrad, mit seinen über 160 festgestellten Altlasten und seiner Monostruktur erlaubt einen Veränderungsprozeß im nachhaltigen Sinne, die ökologischen und sozialen Verbesserungen werden finanzierbar durch die Veredelung des Gebietes.

Rahmenplanung Mainzer Straße

Entwurf: StadtBauPlan, Darmstadt
1992

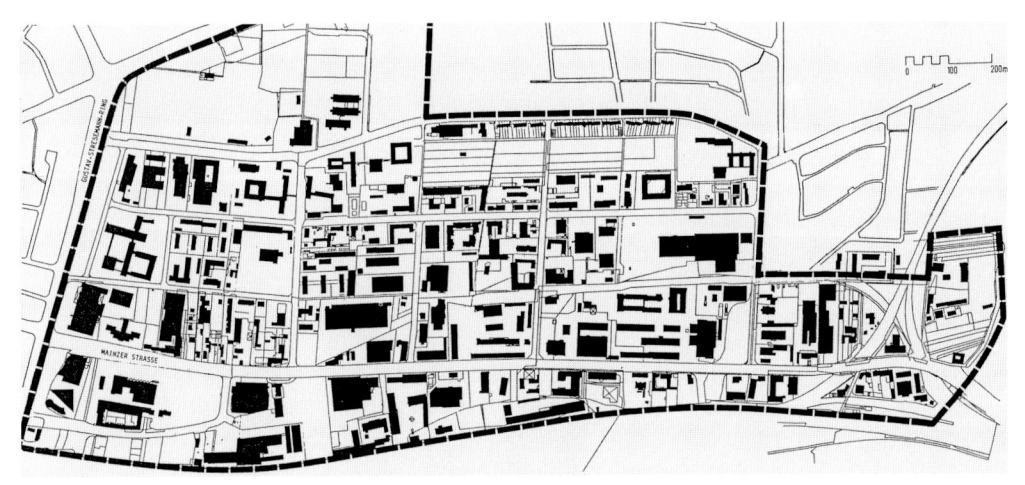

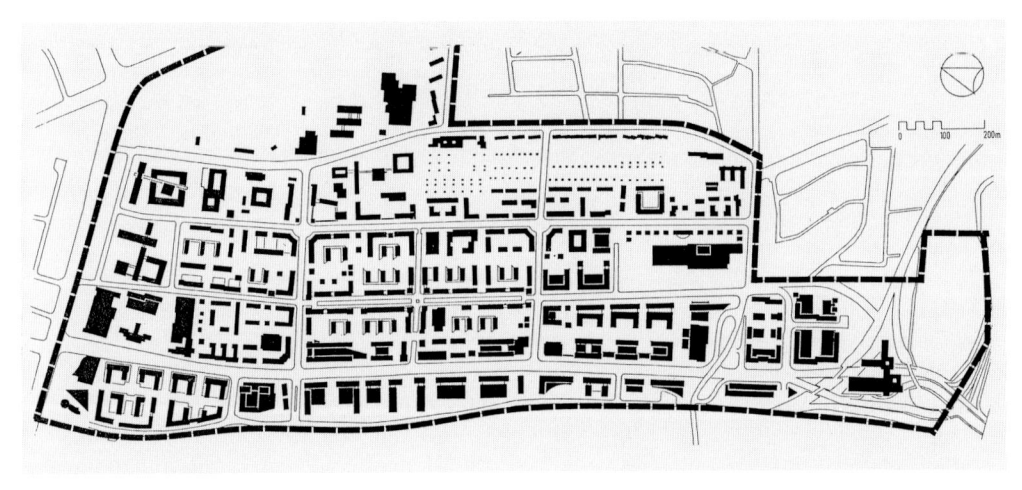

Abb. oben: Bestand

Abb. unten: Bebauungskonzept

Insgesamt können durch die Neuordnung diese Recycling-Gebietes 2.200 Wohnungen und rund 4.000 Arbeitsplätze geschaffen werden. Im östlichen Bereich der Mainzer Straße bildet der Quartiersboulevard die räumliche und funktionale Schwerachse der Wohn- und Büroerweiterung.
Die angrenzenden sehr tiefen Blöcke – ca. 120 m – werden durch eine geschlossene Randbebauung und eine kammartige – auf einen ruhigen Grünzug – ausgerichtete Wohnstruktur gegliedert.

Die Abstufung des Nutzungskonzeptes nach Süden in Richtung auf einen stärkeren Anteil gewerblicher Nutzung drückt sich auch in der „gröberen" Körnigkeit des Bebauungskonzeptes aus.
Die östliche Randbebauung der Mainzer Straße ist als geschlossene straßenbegleitende Baustruktur vorgesehen: Zum einen, um die räumliche Wirkung der Mainzer Straße zu betonen, zum anderen, um die „dahinterliegende" ruhebedürftige Wohnnutzung besser von der Lärmemission der Haupteinfahrtsachse schützen zu können.
Die Bebauung auf der westlichen Seite der Mainzer Straße soll durch stärkere Auflösung in Einzelbaukörper Blickbeziehungen in die angrenzende Bau- und Grünbereiche und dominante Einzelmerkmale (Wasserturm) ermöglichen.
Den südlichen Eingang in das neugestaltete Quartier bildet eine prägnante Sonderbebauung über der Mainzer Straße, die den Beginn des „Städtischen Innenbereiches" signalisiert und funktional ein Umsteigen auf Pendelbusse ermöglicht.
Die Geschoßverteilung im Bereich der Neubebauung basiert auf dem Fortführen der baulichen Dominanten entlang des Gustav-Stresemann-Ringes und entlang der Mainzer Straße bis zum Terrum Tower und einer zusätzlichen Dominante am südlichen Stadteingang, einer abgestaffelten sechs- bis viergeschossigen Randbebauung entlang der Hauptachsen – Mainzer Straße – Quartiersboulevard, einer niedrigen „Innenbebauung" im Bereich der Wohnkämme dreigeschossig, im Bereich der gewerblich genutzten Bereiche ein- bis dreigeschossig.

Die neunziger Jahre – Wiesbaden in der Metropol-Region Rhein-Main

Stadtstruktur und Qualität

In allen Fällen geht der Planungsansatz dahin, möglichst kompakte, in sich geschlossene Stadtteile entweder neu zu planen oder so zu ergänzen, daß sie ein ausgewogenes Miteinander von Arbeitsstätten und Wohnungen aufweisen, daß die Infrastruktur für den täglichen Bedarf existiert und insbesondere der öffentliche Personennahverkehr sinnvoll eingebunden werden kann. Der ÖPNV ist im Moment in Wiesbaden selbst überwiegend auf den Bus gestützt, bedarf für die Region aber einer dringenden Verbesserung im Bereich der S-Bahn-; an der Planung wird zur Zeit gearbeitet. Parallel zur A 66 (Mainz / Wiesbaden - Frankfurt), also parallel zum Entwicklungsschwerpunkt Rhein-Main, soll in Verbindung mit der neuen ICE-Schnellbahn das S-Bahn-Netz optimiert und damit die Wegzeiten zum Teil halbiert werden.

Für alle derzeit beplanten Gebiete, seien es die Stadterweiterungen nach innen, im Falle von Konversion und Flächen-Recycling („Mainzer Straße") oder die Stadterweiterungsgebiete im derzeitigen Außenbereich, für alle gilt, daß bei der gebotenen Schnelligkeit nicht die Qualität leiden darf, die Qualität des Einzelgebäudes aber insbesondere auch die Qualität des städtebaulichen Weichbildes Wiesbadens.

Für größere Einzelvorhaben, nicht nur der Stadt sondern auch Privater, haben wir es uns deshalb zum Ziel gesetzt, städtebauliche Wettbewerbe oder Realisierungswettbewerbe auszuloben, beispielhaft sei hier nur erwähnt der Bereich „Gerstengewann", für den eine Bürobebauung vorgesehen ist, den 1. Preis gewann Daniel Libeskind (Berlin), (Realisierung zweifelhaft). Mit Sicherheit realisiert wird das Bauvorhaben der Zusatzversorgungskasse (ZVK) zwischen Salierstraße/Gustav-Stresemann-Ring/Wettinerstraße, den 1. Preis gewann Thomas Herzog (München).

Als herausragende Beispiele für realisierte Wettbewerbe sind zu nennen der Neubau der „Landeszentralbank" (Erich Schneider-Wesseling, Köln), der Anbau am „Landeshaus" (Bangert, Janssen, Schultes – Berlin) und die Wohnungsbauprojekte im „Sauerland" (Rüdiger Kramm, Darmstadt – fertiggestellt 1995, Manfred Schiedhelm, Berlin – fertiggestellt 1995, Hügemeier + Thrun, Wiesbaden – fertiggestellt 1995).

Auch die im Bau befindlichen Wettbewerbsergebnisse von Zaeske + Maul (Wiesbaden), Fred J. Störmer (Wesel/Frankfurt) und Schmidt-Thomsen (Berlin) und die Ergebnisse des 95er Wohnungsbauwettbewerbes im Sauerland, die im nächsten Jahr umgesetzt werden, können mit Spannung erwartet werden.

Wiesbadens Innenstadt ist ein Gesamtkunstwerk des 19. Jahrhunderts, für dessen Lebendigkeit dringend etwas getan werden muß.

Die Innenstadt läßt Aktivitäten und Charakter einer Stadt wie durch ein Brennglas betrachtet erscheinen. Die Wiesbadener Innenstadt ist weitgehend zurückzuführen auf einen Stadtgrundriß von Christian Zais aus dem Jahre 1818, der einen kleinen Altstadtkern prospektartig einfaßte, mit schrittweisen Erweiterungen. Im Laufe des 19. Jahrhunderts bei rasantem Stadtwachstum (1800: 2.500 Einwohner/ 1900: 100.000 Einwohner) wurde die Zais'sche Planung folgerichtig weiterentwickelt, sie hat bis heute ihre stadtbildprägende Wirkung behalten. Die Taunustäler, die als Grünanlagen bis in die Innenstadt hineingeführt werden (Kurpark, Reisinger Anlagen, Nerotal), die klassizistische und gründerzeitliche Bebauung der Innenstadt und der Villenbereiche rund um die Innenstadt und das Zusammenwirken dieser gründerzeitlichen Bebauung mit der Landschaft, den Tälern und dem Taunushang, mit Neroberg und Russischer Kapelle, lassen die Stadt als Gesamtkunstwerk erscheinen. Sicherlich ist Wiesbaden in seinem Kern eine der schönsten deutschen Städte. Aber dennoch gibt es bedenkliche Erscheinungen, Ansätze zur Verödung von Teilen der Innenstadt und die europaweit zu beobachtende Erscheinung der Filialisierung von Einkaufszonen. Hier muß dringend etwas getan werden. Wir wollen nicht in Schönheit sterben, sondern die Qualitäten nutzen und Lebensqualität als Wirtschaftsfaktor einsetzen.

Daniel Libeskind –

Bürolandschaft für das 21. Jahrhundert

Wettbewerb 1992

Für Wiesbaden war südlich der Innenstadt eine neue Stadtkante geplant: das Gewerbegebiet Gerstengewann.
Es handelt sich um ein 4 ha großes Areal, auf dem rund 55.000 m² BFG Bürofläche realisierbar sind. Planungsziel ist eine Bürolandschaft des 21. Jahrhunderts als einprägsame „Visitenkarte" für die Stadt.
Um die städtebaulichen Vorgaben umsetzen zu können, schien es unabdingbar, einen Architektenwettbewerb als ersten Schritt zur Gestaltung dieses wichtigen Gebietes auszuloben. Ein qualitativ hochwertiger Bürokomplex, der signifikant den Stadteingang an der Berliner Straße ausformuliert und die Einbindung in den vorgefundenen Landschaftsraum ermöglicht, sollte gestaltet werden.

Die Aufforderung an die Architekten, mit ihren Entwürfen insbesondere auch Belange der Wirtschaftlichkeit zu berücksichtigen, drängte bei den meisten Arbeiten den Aspekt einer innovativen, zukunftsorientierten „Büroarchitektur" in den Hintergrund.
So konnten auch die prämierten Arbeiten nur in Teilbereichen überzeugen, so daß die Jury in der ersten Wettbewerbsphase keinen ersten Preis vergab.
Erst nach der Überarbeitung der beiden zweiten Preise überzeugte der Entwurf von Daniel Libeskind das Preisgericht mit Thomas Dilger, Lothar Greulich, Fritz Eller (bei der Überarbeitung ersetzt durch Gerhardt Christ) und Peter Schmidt-Thomsen sowohl in seiner künstlerischen Zeichenhaftigkeit als auch in der ganzheitlichen Betrachtungsweise. Bei näherer Auseinandersetzung erschließt sich die hohe Qualität der Arbeit durch die Einprägsamkeit der Stadtgestalt, die spannungsreiche Gestaltung des öffentlichen Raumes, die innovative Arbeitsplatzgestaltung und – besonders wichtig – die Offenheit für die Realisierung durch Investoren und Architekt.

Die neunziger Jahre – Wiesbaden in der Metropol-Region Rhein-Main

In dem 1991 erarbeiteten Innenstadtkonzept sind deshalb viele Anregungen gegeben, die es gilt in den nächsten Jahren und Jahrzehnten umzusetzen; als wesentliche Schwerpunkte muß man sechs Aussagen nennen:

1. Den Wohnanteil in der Innenstadt erhalten, wenn nicht gar ausbauen.
2. Kulturelle Aktivitäten noch mehr in die Innenstadt hineinbringen und nicht nur im vornehmen Kurbereich/Innenstadtrandlage belassen.
3. Historische Ansätze im Stadtgrundriß und Stadtbild, auch in den inzwischen durch Kaufhäuser veränderten Bereichen aufzeigen.
4. Gestalterische und stadtklimatische Verbesserungen, vor allem im Einkaufsbereich, durchsetzen, wie Fassaden- und Dachbegrünung, Baumpflanzungen, Wasser, Pflaster.
5. Den Kernbereich weitgehend vom Auto befreien, aber erreichbar lassen, d. h. deutliche Verbesserung des ÖPNV, bessere Koordinierung und damit auch Auslastung der vorhandenen Parkeinrichtungen, Vermeidung jeglichen Durchgangsverkehrs, Verbesserungen für Fußgänger und Radfahrer.
6. Der bandartigen Entwicklung der Fußgängerzone entgegenwirken, den Einkaufs- und Flanierbereich in die Breite entwickeln, Verknüpfungen mit benachbarten Stadtteilen herstellen und Übergangsbereiche, wie am „Platz der Deutschen Einheit", oder verödete Bereiche, wie am „Dernschen Gelände", oder Kureck, aufwerten mit Nutzungen und Leben füllen.

Ein wichtiges, diesem Innenstadtkonzept entsprechendes Projekt hat die Gemüter in den letzten 5 Jahren am meisten erregt, wurde fast bis zur Baureife durchgeplant und schließlich durch Bürgerentscheid gekippt, gemeint ist die Neugestaltung des „Dernschen Geländes" im Herzen der Stadt.

„Die Innenstadt muß mit Leben gefüllt werden", dieses bleibt so lange eine hohle Phrase, wie es nicht gelingt, die notwendige Nutzungsmischung, die die Lebendigkeit garantiert in der Innenstadt anzusiedeln.
Ein Interesse daran müssen alle haben, die Bewohner der Innenstadt, die Geschäftsleute, die Besucher. Das, was uns an gewachsenen alten Städten so reizt, das was uns im Urlaub so sehr anspricht, sei es in Freiburg, Lübeck, oder Florenz, ist die kompakte Mischung der städtischen Aktivitäten auf engstem Raum, das Nebeneinander von Wohnen und nicht nur Geschäften, sondern auch anderen Arbeitsplätzen und vor allen Dingen öffentlichen Einrichtungen, ganz besonders aber kulturellen Einrichtungen. Nur in dieser Mischung gelingt eine Belebung der Stadt über die Geschäftszeiten hinaus. Deshalb war das Projekt „Dernsches Gelände" für den Bereich Friedrichstraße, Rathaus, Wilhelmstraße, aber auch insgesamt für das Leben und das Image der Stadt so wichtig. Und deshalb wird man auch, wenn 1996 die provisorische Gestaltung mit Pflaster und Grün fertiggestellt wird, über die Gestaltung dieses Bereiches, die seit 1880 diskutiert wird, erneut nachdenken müssen. Nur mit Pflaster und Bäumen, ohne jedwede zusätzliche Nutzung, ohne die vielfältigen gemischten Aktivitäten, die geplant waren, wird der Bereich Randlage bleiben.

Schlußbemerkung

Die Landeshauptstadt Wiesbaden liegt in einem gesegneten Landstrich mit Weinbergen in den eigenen Mauern. Den Statistiken zufolge geht es den Wiesbadener Bürgerinnen und Bürgern überwiegend recht gut. Sie zahlen mehr für ihre Lebensqualtität, aber sie verdienen auch mehr. Ob sie zufriedener sind, ist schwer meßbar. Unsere Probleme allerdings erscheinen mir noch harmlos verglichen mit dem, was ich aus der Nachbarschaft höre. Und insofern haben wir auch die Chance, sie zumindest in weiten Teilen in den Griff zu bekommen.

Die Stadt ist noch überschaubar und hat einen unverwechselbaren Charakter, der bewahrt werden muß; sie muß sich trotzdem unter Wahrung des Charakters ständig verändern, wenn wir nicht Gefahr laufen wollen, daß sie in Teilbereichen zum Museum wird.

Die Stadt sollte zusammen mit ihren Nachbarn aufgehen in eine arbeitsteilige Rhein-Main-Konzeption, von der alle etwas haben und in der alle Rhein-Main-Städte ihre Egoismen etwas zurückstellen, denn der Wettbewerb zwischen den Regionen wird härter, er findet inzwischen europaweit statt. Gemeinsame Aktivitäten wie die Aktion „Ruhrgebiet", entstehen meist nur in der Not.

Ich hoffe, daß wir Wiesbadener – die Wähler wie die politisch Verantwortlichen – ohne erkennbare Not unsere Chancen nutzen, die städtischen Qualitäten ausbauen und gemeinsam handeln, bevor wir dazu gezwungen sind!

**Lotterie-Treuhand-
gesellschaft Hessen mbH**
Rosenstraße

Entwurf: Ernst Schwarz,
Taunusstein

Als Ingenieurleistung hervorragend, unter denkmalpflegerischen Gesichtspunkten äußerst fragwürdig.

1990

Der Kubus von 1960 präsentiert als Solitär mit Klinkersockel und in Sgrafitto-Manier verputzt vorkragendem Baukörper als Kompositions-Elementen; die Belichtung über Shed-Dächer und horizontale Fensterbänder nehmen den Eindruck des Massiven zurück.

Die Bauaufgabe sah vor, das von A. Möreke 1960 errichtete Gebäude, das zu eng geworden war, zu erhalten und mit einer frei tragenden Stahlkonstruktion zu überbauen, da das Gebäude selbst – wohl zum Leidwesen des Bauherrn – unter Denkmalschutz steht. Dabei sollte der kubische zweigeschossige Flachbau mit 33 m Kantenlänge und 9 m Höhe überspannt werden. Das Problem, dabei den laufenden Betrieb der Lottogesellschaft nicht zu stören, wurde vom Architekten Ernst Schwarz findig gelöst: Sein Entwurf sah vor, die Haupttrageteile auf einem Montagegerüst neben dem vorhandenen Gebäude in der späten Einbauhöhe mit der Unterkante 1,25 m über dem Flachbau zusammenzufügen und als fertige Großteile über Gleitbahnen in die endgültige Position zu verschieben. Die Überbauung besteht aus zwei doppelgeschossigen Riegeln, die jeweils in eine Brückenkonstruktion aus Stahl-Fachwerk eingehängt sind. Diese überbrückt durch Rohr-Dreigurtbinder eine freie Spannweite von 36,70 m. An den Kopfenden verbinden Treppenhäuser die beiden Bürotrakte miteinander. Eine vorgehängte verglaste Fassade, die in Farbkontrast mit den Trägern angelegt ist, soll den konstruktiven Charakter betonen.

Stadthaus am Schloßpark
Am Schloßpark 56
Biebrich

Architekt: H. Jacoby, Halle

Bauherr: Helmut Jacoby, Halle

1990

Ein Neubau in historischer Umgebung als Neuinterpretation der hessischen Hofreite mit Wohnhaus und Tor an der Straße, Seitengebäude und Scheune (heute Atelier mit Ausblick zum Schloßpark) um einen Innenhof.

Fast ohne Einblicksmöglichkeiten wurden Tageslichtquellen durch geschickt angelegte Fenster sowie eine versteckt liegende Terrasse geschaffen.

Druckerei- und Produktionsgebäude
Kreuzberger Ring, Erbenheim

Entwurf:
Peter A. Ahlfeldt, Wiesbaden

Bauherr: privat

1990

Neben dem zweigeschossigen Zweckgebäude, das im Untergeschoß die Druckerei und im Obergeschoß Büros beherbergt, setzen sich die Anbauten für Technik, Betriebshof und Treppenhaus inhaltlich und formal deutlich ab. Vor allem das stahl-alublechverkleidete Technikgebäude kehrt scheinbar sein Innerstes nach außen und frönt fröhlichem High-Tech.

Landeshaus
Umbau und Erweiterung
Kaiser-Friedrich-Ring

Bauherr:
Land Hessen, Der Hessische
Minister der Finanzen
vertreten durch das Staatsbauamt
Wiesbaden

1991

Ziel des Wettbewerbes 1985 war, den Sitz des Hessischen Wirtschafts- und Verkehrsministeriums baulich zu erweitern sowie eine Tiefgarage für 150 Stellplätze zu planen. In nur drei Jahren Bauzeit entstanden der sog. „Quadratbau" an der Straßenfront, in dem u. a. das Casino liegt. Auf dem hinteren Grundstücksteil wurde die fünfgeschossige Tiefgarage sowie der „Rundbau" mit Büroräumen realisiert, der als Kreissegment das alte Landeshaus nahezu spiegelsymmetrisch auf seiner Mittelachse nach Südwesten umfängt. Hervorragend gelungene Verbindung von Alt- und Neubau, in der Textur und Material absolut stimmig klingen.

Ausgezeichnet vom BDA mit der Johann-Wilhelm-Lehr-Plakette 1993.

Dernsches Gelände

Wettbewerbsentwurf 1991:
Professor Schweger & Partner, Hamburg
Mitarbeiter: Mathias Tröster

Entwurf 1995: Infraplan, Mainz

1991/95

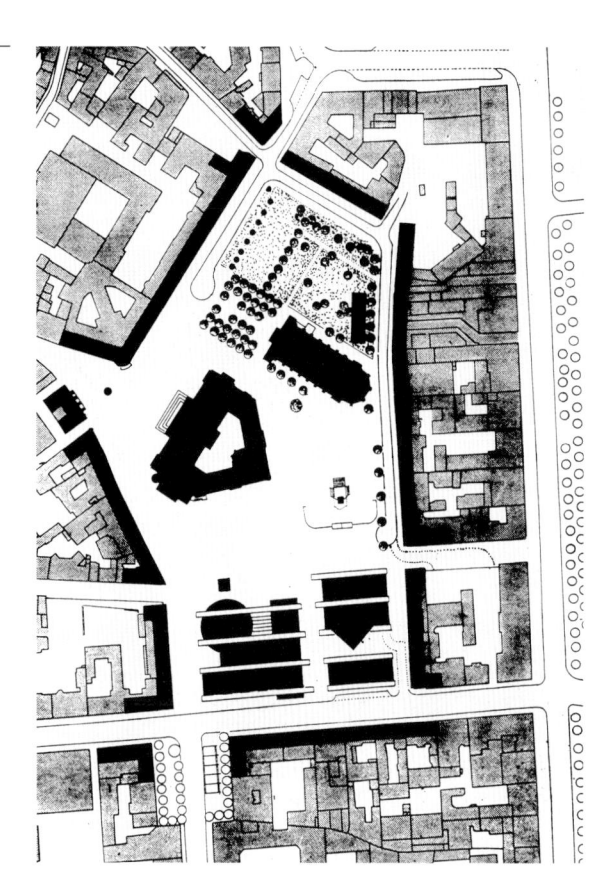

Lageplan: Entwurf von Prof. Schweger

Abb. rechts: Mit dem 1. Preis wurde eine sehr ungewöhnliche Arbeit ausgezeichnet: der Entwurf des Büros Prof. Schweger & Partner, Hamburg. Planungsstand 1993

Mit dem 1991 ausgeschriebenen städtebaulichen Ideenwettbewerb zur Gestaltung des Dernschen Geländes sollte der Grundstein für die bauliche Vollendung der Stadtmitte Wiesbadens gelegt werden. Die bis dahin hundertjährige Planungsgeschichte für das rund 15.000 qm große Gelände zwischen der Wilhelmstraße und der Einkaufsmeile Langgasse brachte bislang immer nur unbefriedigende Teillösungen für das augenscheinlich existierende städtebauliche Problem. Ziel des Wettbewerbes war deshalb, mit der Neuordnung des Bereiches um Rathaus, Marktkirche und Landtag endlich ein Stück Urbanität wiederzugewinnen und die Ödnis des Geländes in eine attraktive Folge von unterschiedlichen städtischen Plätzen mit angemessenen Proportionen („vom Gelände zum Platzraum") zu erreichen.

Besonderes Augenmerk erforderte im Wettbewerb der engere Wettbewerbsbereich, die früheren „Dernschen Gärten", der seit der Nachkriegszeit – eigentlich als Interimslösung für die wieder und wieder geplante Neugestaltung – als riesiger Parkplatz für rund 300 Autos genügte. Mit dem Bau der Tiefgarage für nunmehr 600 Autos bot sich die einmalige Chance, einen fast völlig verkehrsberuhigten Bereich wieder dem städtischen Bewohner, dem Besucher oder auch den Einkaufbummlern zurückzugeben. Die entscheidende Frage für den Wettbewerb war deshalb, ob zur räumlichen Fassung des gesamten Geländes ein Gebäude notwendig war oder nicht. Falls ein Gebäude der richtige Planungsansatz wäre, dann sollte es nicht beliebig, sondern kulturell im Interesse der Aufwertung der Innenstadt genutzt werden. Für diesen Fall lag es nahe, die Wiesbadener Musikakademie und die Musik- und Kunstschule an diesem Ort unterzubringen, die noch immer in zum Teil unerträglichen Räumlichkeiten untergebracht sind.

Unter den 70 Teilnehmern aus dem gesamten Bundesgebiet (Architekten und Landschaftsarchitekten waren gleichberechtigt zugelassen) entschlossen sich nur acht, eine reine Freiraumlösung anzubieten. Die übrigen Teilnehmer schlugen bauliche Gestaltungen vor, um das weitläufige Gelände zum städtischen Platz zu entwickeln und zur Friedrichstraße hin abzuschließen.

Magistrat und Stadtverordnetenversammlung folgten der Preisgerichtsempfehlung und beauftragten Prof. Schweger, einen Vorentwurf zu erarbeiten.

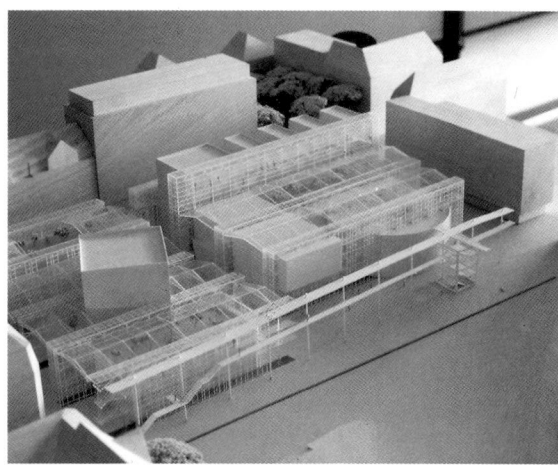

In der Folgezeit wurde der Vorentwurf weiteren Überarbeitungen und schließlich im Juli 1994 der endgültige Planungsvorschlag durch das Stadtparlament beschlossen.

Inzwischen hatte sich eine Bürgerinititive gebildet, die sich deutlich gegen das geplante Projekt aussprach und die in der örtlichen Presse Unterstützung erhielt:

„Zu groß, zu teuer, zu häßlich!" schlug es den irritierten Parlamentariern von Flugblättern entgegen. Der Blick von der Friedrichstraße auf das historische Ensemble von Rathaus und Marktkirche werde durch die Bebauung verstellt, der verbleibende Platz (immerhin noch immer 10.000 qm!) sei zu klein. In emotionsgeladenen und öffentlich ausgetragenen Diskussionen mit der Bürgerinitiative versuchte der Magistrat, den eingeschlagenen Weg darzustellen: von der Ideensammlung des Wettbewerbes über die Ausstellung der Wettbewerbsergebnisse bis hin zu den immer wieder parlamentarisch beschlossenen Zwischenstufen der Schwegerschen Planung wurde ein demokratischer Planungs- und Entscheidungsprozess von vier Jahren aufgerollt, bei dem immer wieder die Öffentlichkeit informiert worden war.

Das inzwischen ausgefeilte städtebaulich-achitektonische Konzept in Verbindung mit dem Nutzungs- und Finanzierungskonzept mißfielen zunehmend, obwohl die Bürgerinitiative keine Alternative vorweisen konnte, auch nicht zum Planungsverfahren und zur Entscheidungsfindung. Das Bestreben, den Entwurf per Bürgerentscheid nach Hessischer Gemeindeverfassung ersatzlos „abzuwählen", hatte Erfolg:

Das Projekt wurde am 11. November 1994 zur Abstimmung gestellt.

Die Entstehungsidee:
Fünf Scheiben als Filter zwischen dem späteren Platz. Freiraum an Rathaus und Marktkirche und der durch Busse stark befahrenen Friedrichstraße. Die Scheiben werden durchquert von einem Fußweg. Den Abschluß zu dem Platz, der später auch Marktplatzfunktion haben soll – bildet außer der letzten halben Scheibe ein begehbarer Laufsteg. In den Scheiben selbst sollte durch Tageslichtumlenkung Licht in das Gebäudeinnere projeziert werden.
Planungsstand 1991/92

Dernsches Gelände

Die Fachzeitschrift „Bauwelt" kommentierte das Wiesbadener Ereignis wie folgt:

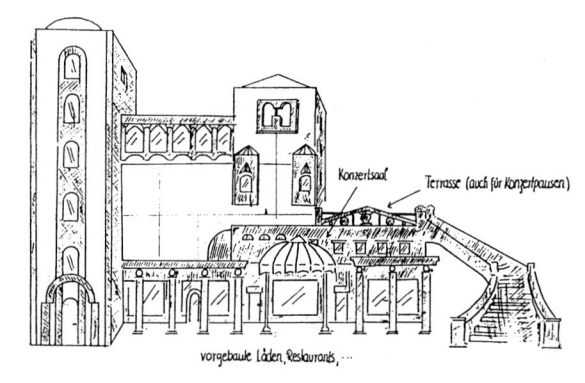

Eine Idee aus den Reihen der Bürgerinitiative: Ein Gebäudeflügel, wie er in Höhe des Polizeipräsidiums (vom Rathaus aus gesehen) entstehen könnte, macht die architektonischen Vorstellungen von Dr. Hieronymus U. Perret deutlich. Blickbestimmend ist ein „Bilderturm" (links).

Quelle: Wiesbadener Tagblatt

„Die überwältigende Mehrheit derjenigen Stimmberechtigten, die zur Wahl gingen, war sich beim ersten hessischen Bürgerentscheid in Sachen Architektur in der Ablehnung der Schweger'schen Bebauung einig: über Alternativen herrschte auch weiter Dissens. Die mittlerweile von einer Tiefgarage unterhöhlte Fläche machte in ihrer ganzen Ödnis allerdings auch den Bebauungsgegnern schmerzlich klar, daß hier etwas passieren muß: Nun soll eine „vorläufige Platzgestaltung" her: zweieinhalb Millionen Mark darf sie kosten. Ein von Stadtbaurat Thomas Dilger vorgeschlagener erneuter Wettbewerb kam nicht zustande, statt dessen wurden „die Bürger" und sechs nach nebulösen Kriterien ausgesuchte Büros – Architekten, Landschaftsarchitekten und ein „Umweltkünstler" – aufgefordert, sich Gedanken zu machen. Die Ergebnisse wurden in einer Ausstellung präsentiert; ausliegende Fragebögen sollten ein „Meinungsbild" der Bürger zeichnen, deren Unmut man keinesfalls ein zweites Mal auf sich ziehen wollte.

An zwei Abenden stellten die Planer der inzwischen nur noch mäßig interessierten Öffentlichkeit ihre Entwürfe vor. Das Spektrum reichte bei den „Profis" von den verspielten Harmlosigkeiten des Wackernheimer Umweltkünstlers Dieter Magnus bis zu den sehr schönen, reduzierten Vorstellungen von Dieter Kienast aus Zürich: die Bürgervorschläge changierten überwiegend zwischen Freizeitpark und Rummelplatz. Den Höhepunkt servierte die beim 91er Wettbewerb mit einem klotzigen Entwurf im 3. Rundgang ausgeschiedene und auf Drängen der Bürgerinitiative aufgeforderte Mainzer „Infra Gesellschaft für Umweltplanung mbH", der wir schon solche Scheußlichkeiten wie das Gebäude des Fernsehsenders SAT 1 oder die Deutsche Bank in Mainz verdanken. Da wird vom „Nizza des Nordens" schwadroniert (gemeint ist Wiesbaden), da werden

Vorher-Nachher-Bilder von bereits beplanten Stadträumen gezeigt, die einen angesichts des Nachher-Zustandes das Blut in den Adern gefrieren lassen. Michelangelos Kapitolsplatz in Rom muß herhalten für den unglaublichen Exerzierplatz im von gleich drei „Infra"-Projekten heimgesuchten Pirmasens – und demnächst auch für das Dernsche Gelände: Es lebe der „Marktstern" Man müßte lachen über diese Entwürfe, wären sie bloß als Persiflage gedacht, doch alles ist ernst gemeint, und, schlimmer noch, alles wird ernst genommen. Die Anti-Schweger-Bürgerinitiative, allem Rückwärtsgewandten zugetan, allem Heutigen abhold (nach ihrer Einschätzung entspricht der „Infra"-Entwurf „einer gewissen Grandeur" Wiesbadens und verhindert auf Dauer einen „sterilen Kasten", rührte kräftig die Werbetrommel: unter Mißachtung des Werbeverbots für die freien Berufe verteilte sie an ihrem Stand in der Fußgängerzone „Infra"- Broschüren. Schließlich wurden 2.319 Fragebogen ausgefüllt: 841 Bürger favorisierten den „Infra"-Entwurf. 508 den Geisterbahn-Entwurf eines Laien, für Dieter Kienast votierten ganze 24 Wiesbadener. 2.319 Stimmen: eine lächerliche Zahl, bedenkt man, daß noch beim Bürgerentscheid rund ein Drittel der 190.000 Wahlberechtigten teilnahmen: aber auch ein lächerliches, mehr als fragwürdiges Verfahren. Doch der Schock des Votums vom Dezember 1994 sitzt tief, auf keinen Fall wollen sich die politischen Entscheidungsträger noch einmal der Bürgerferne verdächtig machen: Mit großer Mehrheit stimmten die vom Fraktionszwang befreiten Stadtverordneten Ende Juni für den „Infra"-Entwurf.

Armes Wiesbaden! Auch Stadtbaurat Thomas Dilger ist zu bedauern: Er kämpfte gegen das Verfahren und gegen den „Infra"-Entwurf. Nun muß er bauen, was das Stadtparlament beschloß, *„auch wenn mir dabei schlecht wird"*.

Christof Bodenbach, Bauwelt, 28, 1995

Planung: Büro Infraplan, Mainz
Sommer 1995

R+V Verwaltungsgebäude
John-F.-Kennedy-Straße

Entwurf: Kammerer und Belz,
Kucher und Partner, Stuttgart

Projektleitung: J. Greitzke
Mitarbeiter: M. Hölzbein,
K. Kox, D. Matt, D. Mössnang,
I. Solscheid, W. Teuchert

1991

Eine der Grundforderungen an den Entwurf des Hauses war die Gliederung der großen Baumasse. Bewegte, hofbildende Baukörper, das Vermeiden großer zusammenhängender Gebäudelängen bei mäßiger Höhenentwicklung und das Einbetten in weiche, fließende Geländeformen bilden die Antwort. Erreicht wird damit, daß trotz des großen Volumens das Haus nicht massig und abweisend, sondern unaufdringlich und offen wirkt. Die Größe und Vielfältigkeit des Programms und die Größe des Grundstücks sprengen den Rahmen einer normalen Gebäudeplanung und ergeben, zumindest in einigen Aspekten eine fast schon städtebauliche Aufgabenstellung.

Haus der Delia, Haus des Saturn
Kettlerstraße
Sonnenberg

Architekt: Studio Granda
(Steve Christer,
Mangret Hardadottir),
Reykjavik, Island

Bauherr: privat

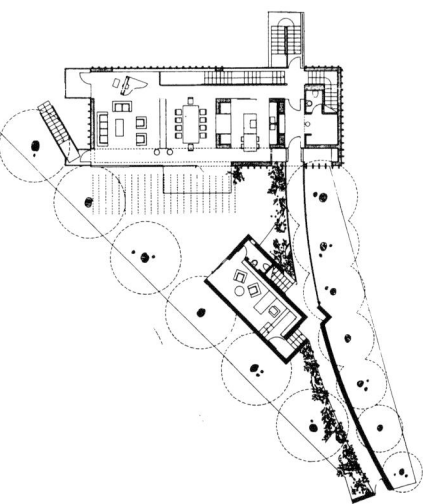

1992

Nach einem privat ausgelobten Wettbewerb mit 42 Entwürfen aus 15 Ländern wurde der erste Preis realisiert. Zwei Häuser erheben sich über das Tennelbachtal, entworfen und inspiriert durch eine Geschichte aus der Antike: Das Haus des Saturn und das Haus der Delia. Saturn verkörpert die Vorstellung, daß die Zeit hervorbringt, was sie dann wieder zerstört – ein Symbol für die Fehlbarkeit des Lebens. Sein Gegenpol Delia, die keusche Göttin der Jugend, Kraft und Gesundheit, stellt das moderne Leben dar und erscheint in einem von kandischem Zedernholz eingehüllten kubischen Baukörper, dem eigentlichen Wohnhaus der Familie. Ihre dunkle Seite wendet sie nach Nordosten in einem von Holzlatten verschleierten Blick auf Felder, Bachtal und nahe Wälder. Ihre sonnige Seite öffnet sie zu einem Innenhof, den das Haus des Saturn beschützt. Ringsum von ziegelroten Wänden umschlossen, von einem bleigedeckten Giebeldach wie mit einem Helm bewehrt, bewacht Saturn den Eingang. Im Haus des Saturn hat der Hausherr seinen Arbeitsplatz und empfängt Geschäftsfreunde, die auch hier wohnen können.

Die beiden Häuser sind um einen nach Süden ausgerichteten Hof gedreht und bilden so ein privates Planetensystem.

Bürogebäude Deutsche Postreklame GmbH
Dostojewskistraße

Entwurf:
Hügemeier +Thrun, Wiesbaden

Bauherr:
Deutsche Postreklame GmbH, Frankfurt

1992

Daß die Post – oder besser: ihr Ableger, die Postreklame GmbH – den Mut zu guter Architektur fand, ist lobenswert, waren doch die Hauptpost und das Fernmeldeamt städtebaulich und gestalterisch fragwürdig. Mit einer zweischaligen Klinkerfassade aus hart gebrannten gelbroten Klinkern durchlaufende Aluminium-Fassadenfelder, getrennt durch profilierte Klinkerpfeiler über drei Geschosse präsentiert sich der Solitär elegant und klar gegliedert.

Der Eingangsbereich mit dem Treppenhaus auf der nordöstlichen Kopfseite wurde an dieser Stelle plaziert, um bei einer späteren Bebauungsmöglichkeit der noch freien Grundstücksfläche zum Konrad-Adenauer-Ring angrenzend einen weiteren Baukörper von diesem Bereich mit zu erschließen. Das Treppenhaus ist fast über die gesamte Gebäudehöhe verglast und soll sich als späterer Mittelpunkt einer möglichen Erweiterung darstellen.
Es bleibt zu hoffen, daß dann die gleichen Architekten beauftragt werden.

Bürogebäude
Hasengartenstraße 21

Entwurf: D. Maximilian List

Bauherr:
F+P Dr. Friker + Partner
GmbH & Co. KG

1993

Der Stahlbetonskelettbau umschließt einen großzügigen begrünten Innenhof. Die beiden in die Tiefe des Grundstücks verlaufenden Flügel des Atriumbaus werden über Treppentürme im vorderen und hinteren Grundstücksbereich erschlossen.
Das Portal des Haupteingangs zur Straße ist zweigeschossig eingezogen. Die ausgekreuzten, marineblau lackierten Stahlträger der Dachpergola sind mehr überdimensioniertes, gestalterisches Merkmal denn statische Notwendigkeit.

Die seitliche Belichtung und Unterbrechung des Mittelgangs ist unterblieben, auch wenn sie in der Seitenfassade angedeutet ist. Auch der in der Planung angedacht „Kreuzgang" im Erdgeschoß ist unterblieben und wurde für die Büronutzung herangezogen.

Villa am Neroberg
Liebigstraße

Entwurf:
Hans-Peter Gresser, Wiesbaden

Bauherr: privat

1993

Villa mit einer Raumgruppierung um einen mehrgeschossigen, verglasten Innenhof, von dem galerieartig die Individualräume erschlossen werden; durch zwei von einander unabhängig gebaute Treppenanlagen besteht die Möglichkeit, das Haus später in zwei Wohnungen zu teilen.
An ausgezeichneter Stelle wird eine Verklammerung des zurückgesetzen Dachgeschosses mit dem darunterliegenden Baukörper durch eine Verplattung aus Blei erreicht.

Vorbilder dieses Haustyps existieren im arabischen Mittelmeerraum, z. B. in Fès.

Sporthalle und Schießhalle
Brunhildenstraße

Entwurf:
Prof. Bremmer,
Lorenz Frielinghaus,
Planungsgesellschaft mbH,
Friedberg

Bauherr:
Landeshauptstadt Wiesbaden

1993

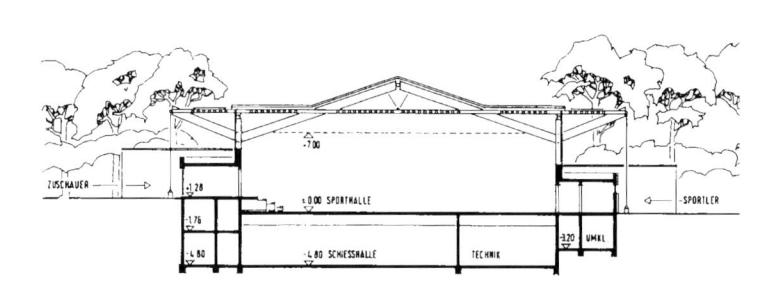

Die architektonische Aufgabe bestand darin, ein relativ großes Raumprogramm in die Topografie des kleinen Grundstückes im Berufsschulzentrum so einzufügen, daß sich der wahrnehmbare Baukörper in die Maßstäblichkeit der vorhandenen Schullandschaft einfügt.
Der zur Ausführung gelangte Entwurf sieht daher eine zweigeschossige Halle vor. Die dreiteilbare Sporthalle im Erdgeschoß dient vorrangig dem Schulsport von 5 Berufsschulen. In dem ca. 15 m längeren Untergeschoß bietet die mit modernster Elektronik ausgestattete Schießhalle den Wiesbadener Schützenvereinen ideale Trainings- und internationale Wettkampfbedingungen. Signifikantes Erkennungszeichen dieser Halle sind die entsprechend dem statischen Kräfteverlauf geformten Dachbinder aus Holz und Stahl mit außenliegenden Seilabspannungen.

Neroberg
Neugestaltung
mit Erlebnismulde und Cafe

Entwurf Erlebnismulde:
Planungsgemeinschaft Merten-
Porlein-Gresser, Wiesbaden

Entwurf Cafe:
Hans Helling, Uli Bernstein
Hochbauamt

Bauherr:
Stadtentwicklungsdezernat/
Hochbauamt

1991/94

Nachdem 1986 und 1989 das alte prachtvolle Neroberghotel aus dem vorigen Jahrhundert Opfer von Brandstiftungen wurde und lediglich ein Turm stehenblieb, wurde über eine Revitalisierung des Wiesbadener Hausberges nachgedacht.
Im ersten Bauabschnitt entstand 1991 die sog. Erlebnismulde, eine etwa sechs Meter tiefe Mulde in der Bergkuppe mit einer spiralförmigen, 780 m langen Anordnung von großen Muschelkalk-Sitzblöcken, die zum Sonnenbad einlädt und für Freilichtveranstaltungen genutzt wird. Die historischen Ausblicke auf die Russische Kapelle und das Opelbad wurden wieder hergestellt.
Im zweiten Bauabschnitt wurde das Cafè mit Biergarten 1994 an den alten Aussichtsturm angebaut und bietet endlich wieder ein gastronomisches Angebot am beliebten Ausflugsziel.
Die bautechnische Ausführung (privat) läßt den anspruchsvollen filigranen Entwurf leider nur noch erahnen.

**Verwaltungsgebäude
Ferrari Deutschland GmbH**
Stielstraße, Schierstein

Architekten:
Zaeske + Maul, Wiesbaden
mit Dipl.-Ing. Axel Tegeder

Bauherr:
Ferrari Deutschland GmbH

1993

Typischer Bau der „Neuen Transparenz" in Stahl und Glas, verbunden mit perfekter Detailgenauigkeit und stimmigen Proportionen. Eleganter Rahmen für elegante Automobile.

„... Produkt und Gebäude entsprechen sich. Sorgfältig ausgewählte Materialien und feine Detaillierung überzeugen. Dabei wurde vermieden, durch Überperfektionismus das Produkt zu überholen."

Beurteilung des BDA
„Gute Architektur in Hessen 1985–1993".
Auszeichnung mit der Johann-Wilhelm-Lehr-Plakette.

Erweiterung des Roncalli-Hauses
Friedrichstraße

Entwurf: Kammerer und Belz,
Kucher und Partner, Stuttgart
Projektleitung: Wolfgang Lutz
Mitarbeit: Andrea Kopfer

Bauherr: Gesamtverband der
katholischen Kirchengemeinde,
Wiesbaden

1994

Zentraler Gedanke des Entwurfs ist ein öffentlicher Weg vom Kirchenbereich St. Bonifatius, über eine Freitreppe, durchs Roncalli-Haus zur Friedrichstraße. Die eine Seite des Weges bildet die geschwungene, raumverbindende Terrasse vor dem Pfarrhaus mit der Kapelle, auf der anderen Seite wird der Weg durch den differenzierten Winkelbau flankiert, der Gemeindesaal, Gruppenräume und Büros enthält. Sockel und Mauer im Bereich des Geländeversprungs sind mit roten Betonwerksteinen vorgemauert, in Anlehnung an den hier traditionell verwendeten roten Sandstein der Kirche und des Pfarrhauses.

Die aufsteigenden Geschosse haben Fassaden aus Glas und silberfarbigen, teils profilierten Blechteilen erhalten. Sie verleihen den Gebäudeteilen Transparenz und Leichtigkeit.

**Verwaltungsgebäude
Delta-Haus**
Gustav-Stresemann-Ring 1

Entwurf:
Novotny, Mähner + Assoziierte,
Offenbach

Bauherr: Köllmann GmbH

1991/94

Der hochfrequentierte Gustav-Stresemann-Ring zerschneidet als mehrspurige Verkehrsader die stadträumlichen Beziehungen zwischen Hauptbahnhof und citynaher Bebauung.
Im Bereich des Bahnhofes sind überwiegend rechtwinklig auf den Ring ausgerichtete Solitärbaukörper vorzufinden. Der historische Bahnhof durchbricht mit seiner Schrägstellung diese Ordnung, womit er gleichzeitig in bezug auf sein städtebauliches Umfeld an Bedeutung gewinnt.

Die Entwurfskonzeption für den aus drei Baukörpern bestehenden Bürokomplex beinhaltete zwei Themen.

Der neungeschossige spiegelverglaste Hauptbaukörper vermittelt durch Form und Lage über den Gustav-Stresemann-Ring hinweg stadträumliche Beziehungen zwischen Hauptbahnhof und City.

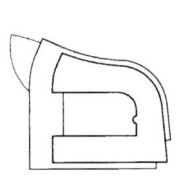

Der vorgelagerte zwei- bis dreigeschossige „Rotundenbau" wurde im Zusammenspiel mit dem 1993 errichteten Atrium-Haus in Anlehnung an die ursprünglich an dieser Stelle vorhandenen Bebauung entwickelt. Beide Baukörper sind mit Naturstein verkleidet.

Kita Schelmengraben
Karl-Arnold-Straße 16,
Schelmengraben

Architekt:
Hügemeier + Thrun, Wiesbaden

Bauherr:
Landeshauptstadt Wiesbaden,
Hochbauamt

1994

Das Gebäude ist als Sonderform des Hallentyps konzipiert. Entsprechend ihrer Nutzung ergeben sich zwei unterschiedliche parallel angeordnete Baukörper, die in ihrem Zwischenraum eine Halle ausbilden.
Der im Westen liegende zweigeschossige Riegel nimmt im Erdgeschoß Verwaltung, Personal und Nebenräume, im Obergeschoß den Hortbereich mit Werk- und Hausaufgaben und Sanitärräume auf.
Dem westlichen Riegel stehen drei zweigeschossige Baukörper durch eine Galerie zusammengefaßt gegenüber. Sie beinhalten die Küche und die Gruppenräume mit den dazugehörigen Sanitär- und Abstellräumen.
Vor den Gruppenräumen sind eigenständige zweigeschossige Baukörper angeordnet, in denen im Obergeschoß die Schlafräume und im Erdgeschoß die erweiterten Flächen der Gruppenräume bzw. die Kinderküche untergebracht sind. Entsprechend des Geländeverlaufes sind die Fußbodenebenen zu den Ebenen der jeweiligen Gruppenräume versetzt.

Umbau und Erweiterung der integrierten Gesamtschule
Kastellstraße

Entwurf: Projektgemeinschaft IGS, Kastellstraße
Siepmann + Partner, Wiesbaden
Marx & Wilms, Wiesbaden

Bauherr: Stadt Wiesbaden, Hochbauamt

Bauzeit:
1990–1992 Erweiterung
1993–1995 Umbau Altbau

1990–95

Durch Umbau und Erweiterung sollte die integrierte Gesamtschule an der Kastellstraße von einer 3-zügigen zu einer 6-zügigen Schule mit insgesamt 450 Schülern (18 Klasse à 25 Schüler) ausgebaut werden.
Die Größe des Raumprogrammes machte neben der Sanierung des Altbaus die Erweiterung durch einen Neubau notwendig. Der unter Denkmalschutz stehende Altbau wurde im Erdgeschoß komplett umgebaut. Der viergeschossige Neubau wird über den Schulhof auf der 3., der Mensa-Ebene, erschlossen. Die architektonische Gestaltung orientiert sich nach außen an der Nachbarbebauung, zeigt sich aber zum Innenhof hin offener und formal expressiver.
Der Erweiterungsbau beherbergt die polytechnischen und naturwissenschaftlichen Fachräume, zwei allgemeine Klassenverbände, eine Mensa, sowie eine z.T. unter dem Schulhof liegende Turnhalle mit den notwendigen Umkleiden, Duschen und Geräteräumen.

Wohnhaus
Friedrich-Lang-Straße 8
Neroberg

Architekten: Zaeske + Maul,
Wiesbaden

Bauherr: privat

1995

Das im Jahr 1939 erbaute Haus wurde im Laufe der Jahre mehrfach umgebaut und verändert. Um weiteren Wohnraum zu erzielen, wurde bei der letzten größeren Veränderung 1994/1995 das flachgeneigte Satteldach abgetragen und durch ein Tonnendach ersetzt. Die sichtbare Tragkonstruktion aus kreisförmigen Stahlbindern gibt dem Dach Leichtigkeit und dem Innenraum lichte Weiträumigkeit. Eine zweite Tonne durchschneidet senkrecht dazu den Dachraum und tritt auf den Längsseiten in Form von Dachgauben hervor. Sonnenkollektoren über dem mit Zinkblech gedeckten Dach versorgen die Warmwasseraufbereitung mit Energie. Die auf der Talseite vorgestellte leichte Stahlkonstruktion trägt farbige Segel zum Sonnenschutz. Ein Wandelement vor der Terrasse wird zu einer Maske mit Fensteröffnung, die den Blick in die Landschaft umrahmt.

Geschoßwohnungsbau
Dresdner Ring/ Wittenberger
Straße
Bierstadt, Siedlung Wolfsfeld

Entwurf: Kemper, Trauser,
Schreiber Planungs-
gesellschaft mbH, Wiesbaden

Bauherr: Wiesbadener Aufbau
Gesellschaft - WAG

1995

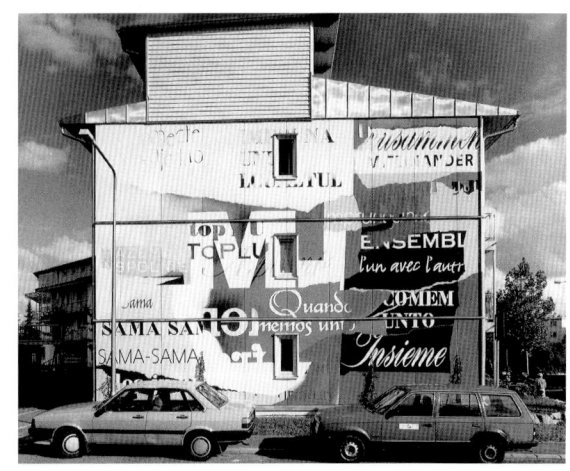

Eine der seltenen Innovationen im Wiesbadener Baugeschehen: das erste mehrgeschossige Wohngebäude in Holzbauweise in Hessen (!). 32 öffentlich geförderte und 7 Eigentumswohnungen sind in vier zusammenhängenden Gebäuden realisiert. Teilweiser Verzicht auf Unterkellerung verbinden sich mit der Vorfertigung der Holztafeln zu einem neuen Konzept kostensparender Bauweise. Stülpschalungen aus sägerauhem Lärchenholz, Fichtendeckelschalung und verputzte

Duripanel-Platten sind die konstruktiven Fassadenelemente, ergänzt durch ein vom Wiesbadener Künstler Matthias Gessinger gestaltetes Wandbild. Insgesamt ein wegweisendes Projekt mit stilistischen Elementen zeitgenössischer Architektur.

Geschoßwohnungsbau
Theodor-Haubach-Straße,
Klarenthal

Entwurf: Hans-Peter Gresser,
Wiesbaden

Bauherr: Dietmar Bücher

1995

Das abgebildete Gebäude ist das Entree für eine Wohnanlage mit 265 Wohneinheiten, erstellt auf dem letzten zusammenhängenden Grundstück in der von Ernst May in den 60er Jahren konzipierten Siedlung Klarenthal.
Als „Schlußstein" der Siedlung erinnert der Komplex an die Anfänge der Moderne in zeitgemäßen städtebaulichen Rahmen. Die ungebundene, vorherrschende Zeilenstruktur der Siedlung wird neu interpretiert und erhält durch rhythmische Wechsel von Längs- und Stirnbauten ein neues räumliches Gefüge.
Durch die analoge Zuordnung von Geometrie, Raum und Nutzung entsteht ein differenziertes Platzgefüge mit unterschiedlich geformten und miteinander verzahnten Freiräumen.
Die Architekturform und Farbe der Moderne wurde neu angedacht und den gewandelten Anforderungen angepaßt.

Geschoßwohnungsbau
Hohenstaufenstraße

Entwurf: GJP Bauatelier
Planungsgesellschaft mbH,
Wiesbaden

Bauherr: privat

1995

Im Bereich des im Umbruch befindlichen Gebietes um die Mainzer Straße südlich der Innenstadt entstanden vier Wohnbau-Zellen in einfacher, klarer Formensprache.

Wohnhof Krautgärten
Ratsherrenweg
Kastel

Architekten: Planquadrat
Architektenbüro, Darmstadt

1995

Mit der Idee des Wohnhofes wird das Ziel verfolgt, ein gemeinschaftliches Wohnprojekt unter ökologischen und ökonomischen Prämissen zu realisieren. Die Bauherrschaft, bestehend aus acht Familien, will über den individuellen Wohnkomfort hinaus in einer tragfähigen Gemeinschaft leben, in der dem Bedürfnis nach größerer sozialer Einbindung Rechnung getragen wird.
Es wurde versucht, soziale Aspekte mit ökologischen und ökonomischen Zielen sinnvoll zu kombinieren.
Die Besonderheit des Wohnhofes besteht in seiner mittig angeordneten glasgedeckten Halle, um welche sich acht Einfamilienhäuser gruppieren. Sie dient als verbindender zweigeschossiger Kommunikationsbereich und bietet neben der Erschließungsfunktion Raum für betreutes Spielen und gemeinsame Aktivitäten.

Über den Galerieumgang im 1. Obergeschoß lassen sich die Obergeschosse der Wohnhäuser separat erschließen. Dies ermöglicht die geschoßweise Teilung eines jeden Hauses in zwei Wohneinheiten, um sie dem Wachsen und Schrumpfen der Familien anzupassen.
Die beiden Nordhäuser wurden aus Belichtungsgründen um ein Geschoß angehoben. Gleichzeitig lassen sich so deren Erdgeschosse als gemeinschaftliche Werkstätten und als Abstell- und Technikräumen nutzen.
Zusätzliche, ökologisch sinnvolle Gebäudetechniken (Regenwassernutzung), Sonnenkollektoren zur Warmwassererzeugung, Niedrigenergietechnik) lassen sich bei einem gemeinschaftlichen Bauvorhaben effizienter einsetzen.

Wohnen und Gewerbe
Egerstraße, Erbenheim

Architekt: Hans-Peter Gresser

Bauherr: Dyckerhoff & Widmann AG, Wiesbaden

1995

Auf dem ehemaligen Bauhof der Firma Dyckerhoff & Widmann entsteht eine Anlage für Wohnen und Gewerbe (Büros). Das erste Wohnprojekt umfaßt eine Wohnbebauung von ca. 80 Wohnungen. Sie gliedern sich in zwei langgestreckte, drei- bis viergeschossige Baukörper, die mit einer „Spange" verklammert sind.

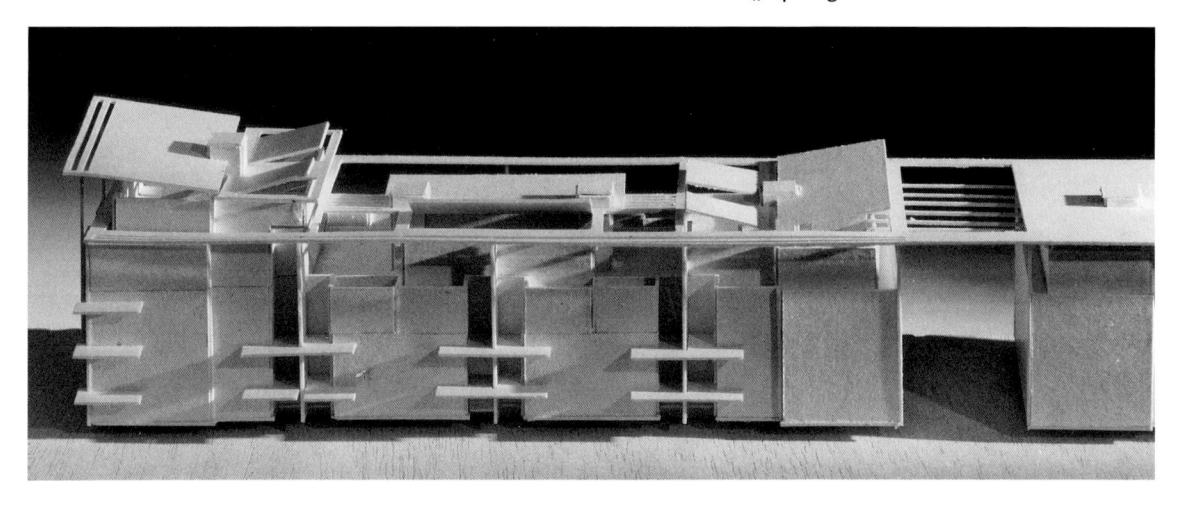

Modellfoto

Vor die streng ausgerichteten Gebäude sind leichte Stahlbalkone als Gliederungselemente davorgestellt. Die aufgelockerte Dachgeschoßstruktur wird durch einen Luftbalken eingefaßt.

Baubeginn 1995

Wohngebiet Sauerland

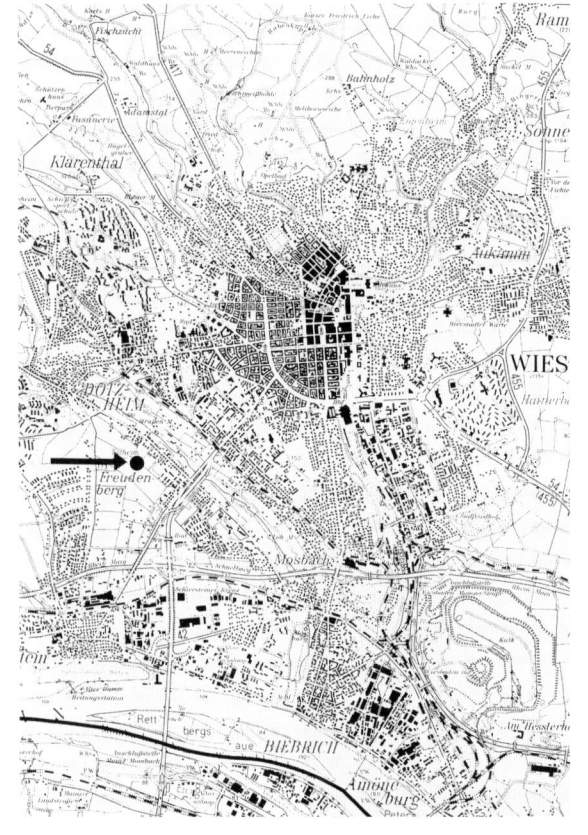

In Wiesbaden-Dotzheim wird in den nächsten Jahren auf einer Ackerfläche ein neuer Stadtteil entstehen: das Wohngebiet Sauerland. Erstmals seit Jahrzehnten hat sich die Landeshauptstadt Wiesbaden wieder die Aufgabe gestellt, hier in größerem Umfang Wohnraum für etwa 3.500 bis 4.000 Menschen zu bauen.
Es handelt sich dabei um das größte Neuanbaugebiet dieser Art in Hessen: Immerhin werden auf über 40 ha rund 1.300 Wohnungen gebaut, davon 1.100 im Geschoßbau (überwiegend als öffentlich geförderter Wohnungsbau) sowie rund 200 Eigenheime in Form von Reihenhäusern und Wohnhöfen.

Das gesamte Investitionsvolumen der Siedlung für Gebäude, Straßen und Versorgungsleitungen wird nach heutigem Kostenstand voraussichtlich eine dreiviertel Milliarde DM betragen.

Wohngebiet Sauerland, Stadtteil Dotzheim

Luftbild von der größten Baustelle Wiesbadens, Frühjahr 1995. Links der 3. Bauabschnitt mit rund 280 Wohnungen im Bau.

Schwerpunkte der Siedlungskonzeption

– Bau eines Siedlungszentrums mit Einkaufsmöglichkeiten, Kirche, Schule, zwei Kindertagesstätten und Marktplatz im Mittelpunkt der Wohnbebauung entsprechend der Bezugsfertigkeit der Wohnungen, so daß von Anfang an die Versorgung der Bewohner sichergestellt werden kann.
– Bau einer Straße nur für den Bus durch das gesamte Gebiet, um den Anschluß an das öffentliche Verkehrsnetz und damit an die Innenstadt zu gewährleisten. Die Begrenzung des Individualverkehrs auch innerhalb der Siedlung soll durch die geplante Sackgassen-Erschließung erreicht werden.
– Aufbau einer Nahwärme-Versorgung mit eigenem Blockheizkraftwerk.
– Weitgehende Integration naturschutz- und umweltrelevanter Belange durch einen eigenständigen Landschaftsplan:
– Berücksichtigung topographischer Gegebenheiten bei der Lokalisierung und Ausgestaltung der einzelnen Baukörper zur Durchlüftung der Wohnblöcke.
– Herstellung von ökologisch wirksamen Flächen zum Ausgleich des Eingriffs durch die Baumaßnahmen am Siedlungsrand nach dem Naturschutzkonzept der Landeshauptstadt Wiesbaden.
– ökologische und energiesparende Bauweisen (gesunde Baustoffe, Dachbegrünung, Minimierung der Versiegelung)
Die im Bebauungsplan festgesetzte Bauweise – überwiegend „reines Wohngebiet" mit einer GFZ bis 1,2 – mit halboffenen Blockstrukturen dient der Durchlüftung des gesamten Baugebietes bei vorherrschenden westlichen Windrichtungen. Die bei Windstille entstehenden Kaltluftströme entlang der Höhenlinie dienen darüberhinaus der Versorgung der angrenzenden Gebiete mit Frischluft.

Die Mehrzahl der Wohnungen wird im verdichteten Geschoßwohnungsbau mit maximal vier Geschossen und Staffelgeschoß mit flachem Dach realisiert werden, wobei die höchsten Gebäude entlang des Grünzuges/Busstraße vorgesehen sind. Durch eine Abstufung der Höhenentwicklung und damit der städtebaulichen Dichte soll ein harmonischer Übergang zur angrenzenden freien Landschaft gewährleistet werden. Hier sind Hausgruppen und Wohnhöfe als Eigenheime mit maximal zwei Geschossen zulässig.

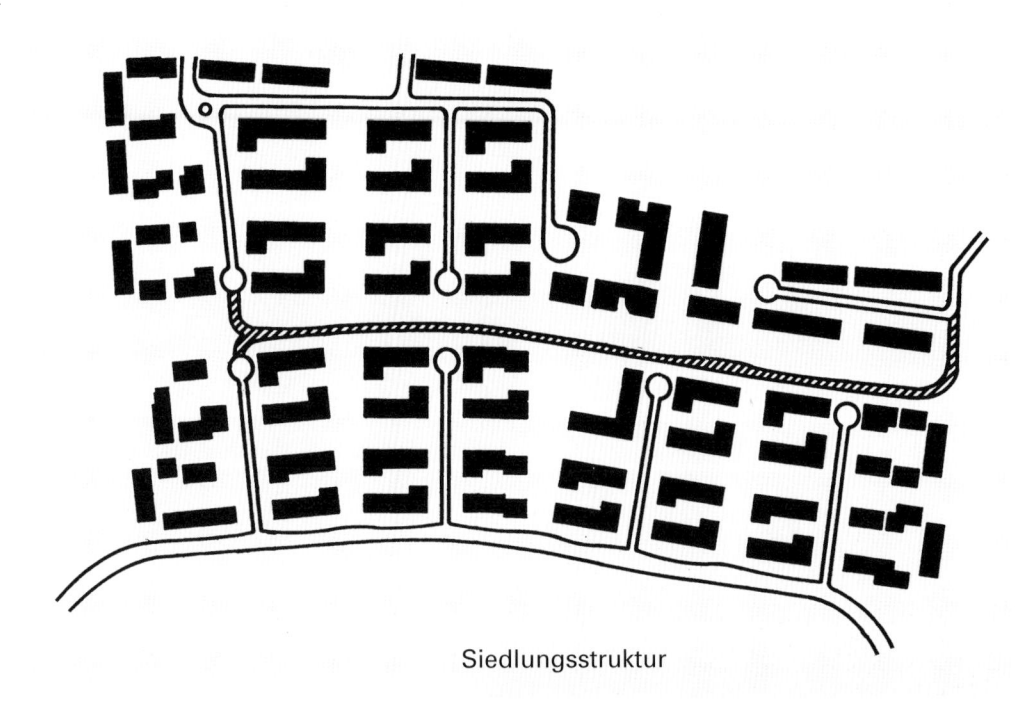

Siedlungsstruktur

Siedlungszentrum

Die Detailplanungen für das Siedlungszentrum verfolgen das Ziel, einen urbanen Ortsmittelpunkt zu schaffen, der auch mit seinen gestalterischen Qualitäten den Ansprüchen der künftigen Bewohner genügen kann. Urban soll hier heißen: ein Marktplatz als Ort der Kommunikation mit allen notwendigen öffentlichen Einrichtungen: Schule, zwei Kindertagesstätten, einem Gemeindehaus, einem Geschäftshaus mit Flächen für Arztpraxen und dergleichen, sowie dem Blockheizkraftwerk, das die gesamte Siedlung mit Nahwärme versorgt. Die Sterilität der Ortsteilzentren, wie sie in den Großsiedlungen der sechziger und siebziger Jahre zu spüren ist, soll auch durch die Integration des Wohnens in den Obergeschossen vermieden werden.

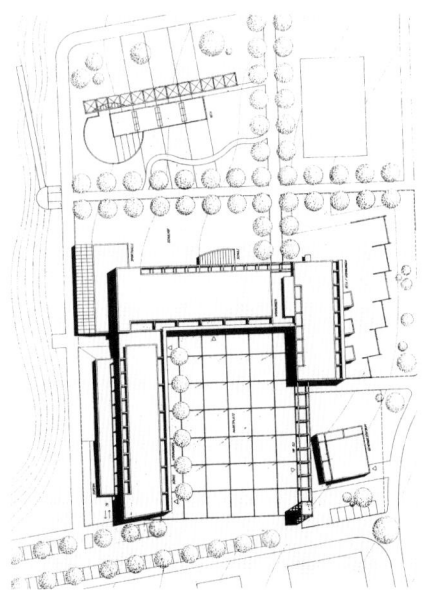

Gemeindehaus
Entwurf:
Hügemeier + Thrun, Wiesbaden
Bauherr:
Ev. Gemeinde Wiesbaden
Baubeginn: 1995

Lageplan Zentrum Sauerland
Baubeginn 1996
Entwurf: Bofinger, Wiesbaden

Geschoßwohnungsbau
56 Wohnungen, öffentlich gefördert
Borkumer Straße
Dotzheim, Wohngebiet Sauerland

Entwurf:
Hügemeier + Thrun, Wiesbaden

Bauherr:
GWH, Gemeinnützige Wohnungsgesellschaft mbH, Hessen

1995

Der Entwurfsgedanke, differenzierte Gebäudeteile unter über-
spannende Dächer zu gruppieren
und damit auch überdachte
Freiräume zu schaffen, wurde
beibehalten.
Das Bauvolumen umfaßt 56 Wohnungen und eine Tiefgarage.
Die Durchmischung unterschiedlicher Wohnungsgrößen bei
Querlüftung aller Wohnungen
mit differenziertem Freibereichs-
angebot, wie Mietergärten, Balkone, Loggien und Dachterrassen,
Erschließung über Treppenhäuser,
Laubengänge bzw. ebenerdig vom
Innenhof aus, bietet gute Wohnqualität.
Aus finanziellen Gründen mußte
auf die Wintergärten mit den
großflächigen, die einzelnen Baukörper verbindenden Glasflächen
der Süd-West-Fassade und auf
die Fassadenbegrünung der Nord-
Ost-Fassade verzichtet werden.

Geschoßwohnungsbau
52 Wohnungen, öffentlich gefördert
Föhrer Straße
Dotzheim, Wohngebict Sauerland

Entwurf:
Prof. Kramm, Axel Strigl, Darmstadt

Bauherr:
GWW, Gemeinnützige Wiesbadener Wohnungsbaugesellschaft

1995

Die städtebauliche Ausformung der Wohnhöfe ist, gemäß den Vorhaben des Bebauungsplanes, baulich in eine Nord- und eine Südzeile umgesetzt. Ein Punkthaus mit zwei Ladeneinheiten ergänzt die Südzeile im Osten, eine Sonnenterrasse mit eingestelltem Kinderhaus die Nordzeile im Westen. Die Sonnenterrasse, das Kinderhaus mit Außenflächen und der südlich gelegene Kinderspielplatz bilden das soziale Zentrum des Wohnhofs.

Die Erschließung der einzelnen Wohnungen erfolgt über durchgesteckte transparente Treppenhäuser und Laubengänge.
Alle Wohnungen verfügen über einen individuellen Freibereich.
Das Bauvorhaben wurde in Niedrigenergiebauweise realisiert. Alle Wohn- und Aufenthaltsräume sind Süd- bzw. Süd-Ost-orientiert; die Südfassaden sind großzügig verglast, die Wintergärten dienen als Puffer. Die nach Norden orientierten Küchen und Bäder erhielten minimierte Fensterflächen.
Alle Wohnungen sind mit einer kontrollierten Wohnungslüftung versehen.

Wohngebiet Sauerland

Wohngebäude
mit 64 öffentlich geförderten
Wohnungen
Nordstrandstraße, Dotzheim
Wohngebiet Sauerland

Entwurf:
Prof. Manfred Schiedhelm, Berlin

Bauherr:
GWH, Gemeinnützige Wohnungsgesellschaft mbH, Hessen
3. Preis des Wettbewerbs 1991

Das Vorhaben wurde – zusammen mit der gesamten Siedlungskonzeption – Landessieger im Wettbewerb des Hessischen Ministeriums für Landesentwicklung, Wohnen, Landwirtschaft, Forsten und Naturschutz „Wohnen in Stadt und Land – Städtebauliche Qualitäten im Wohnungsneubau" realisiert.

Ziel des Entwurfs ist es, die Vorteile des Wohnens in der Gemeinschaft mit den Vorteilen des Wohnens im Einfamilienhaus miteinander zu verbinden. Deshalb basiert das Konzept auf einer Wohnungsanordnung, die es erlaubt, daß die Hälfte der Wohnungen einen Garten hat, während die andere Hälfte als Geschoßwohnungen an begrünten Dachterrassen ausgebildet sind. Diese Wohnungen sind teilweise zweigeschossig und haben Einfamilienhaus-Charakter. Die beiden Obergeschosse sind zur Gewinnung einer Dachterrasse entsprechend zurückgesetzt.
Form und Konstruktionsart der Gebäude sind aus dem Verlauf der Sonne und im Hinblick auf eine natürliche Energiegewinnung entwickelt.
Die Außenwände sind zunächst differenziert nach Himmelsrichtung behandelt. Die Süd-, West- und Ostfassade haben eine 49 cm dicke Ziegelwand (Poroton) mit entsprechender Speichermasse und hoher Dämmfähigkeit. Die Nordfassade erhält geringe Sonneneinstrahlung und hat deshalb eine Außenwandkonstruktion mit wenig Masse, viel Dämmung und Paneelverkleidung. Um in den beiden Obergeschossen der nach Süden gerichteten Gebäudeteile eine maximale Strahlungsenergiegewinnung von Herbst bis Frühjahr zu ermöglichen, ist die Außenwand leicht geneigt ausgebildet. Diese Wand steht senkrecht zur Wintersonne und kann so ein Maximum an Strahlungsenergie aufnehmen. Erdgeschoß und 1. Obergeschoß erhalten eine äußere Vegetationsschicht, die im Sommer die Fassade verschattet und im Winter die Sonnenbestrahlung der Masse zuläßt.

Wohngebiet Sauerland

Ergebnisse des Realisierungswettbewerbs 1993

1. Preis
Geschoßwohnungsbau

Entwurf:
Wolfgang Zaeske und Hans Maul, Wiesbaden

Bauherr:
GWH, Gemeinnützige Wohnungsgesellschaft mbH, Hessen

Fertigstellung: 1996

2. Preis
Geschoßwohnungsbau

Entwurf:
Prof. Dr. Jörn Peter Schmidt-Thomsen, Helga Schmidt-Paul Ziegert, Berlin

Bauherr:
GWH, Gemeinnützige Wohnungsgesellschaft mbH, Hessen

Fertigstellung: 1996

3. Preis
Geschoßwohnungsbau

Entwurf: Fred J. Störmer, Frankfurt

Bauherr:
GWH, Gemeinnützige Wohnungsgesellschaft mbH, Hessen

Fertigstellung: 1996

Abbildungsverzeichnis

Bofinger, Wiesbaden: Seite 185

Garth, Wiesbaden: Seite 106

Goebel Photo und Design, Görsroth:
Seite 138, 180, 183

Helling, Wiesbaden: Seite 83

Hügemeier und Thrun, Wiesbaden:
Seite 185

Jacoby, Halle: Seite 159

Langer, Mainz: Seite 10, 11, 12, 13, 14, 15, 16, 17, 18, 19, 32, 33, 34, 36, 37, 40, 41, 42, 46, 47, 48, 50, 51, 52, 53, 54, 55, 57, 59, 66, 67, 68, 69, 70, 71, 72, 73, 74, 75, 76, 77, 78, 80, 81, 82, 84, 86, 87, 88, 89, 90, 93, 96, 97, 99, 101, 102, 103, 108, 109, 110, 111, 113, 114, 115, 116, 117, 120, 122, 126, 127, 128, 130, 131, 132, 133, 134, 135, 136, 137, 139, 140, 141, 142, 143, 158, 159, 160, 161, 166, 167, 168, 169, 170, 171, 172, 173, 174, 176, 177, 179, 181, 186, 187, 188

Novotny Mähner und Assoziierte, Offenbach:
Seite 175,

Metz, Wiesbaden:
Seite 44, 45, 49, 56, 85, 98, 155, 162, 175, 189

Dr. Hieronymus U. Perret: Seite 164

Rudolph, Wiesbaden: Seite 28

Prof. Schweger, Hamburg: Seite 163

Walter, Wiesbaden:
Seite 30, 31, 35, 81, 100, 124, 125, 146

Zaeske und Maul, Wiesbaden: Seite 178

Archiv Stadtentwicklungsdezernat:
Seite 33, 39, 43, 48, 79, 107, 125, 144, 147, 149, 150, 151, 152, 162, 184, 185

Archiv Vermessungsamt:
Seite 21, 22, 23, 24

Infraplan, Mainz: Seite 165

Planquadrat, Darmstadt: Seite 182

StadtBauPlan, Darmstadt: Seite 153

Vermessungsamt, Luftbildstelle:
Seite 25, 148

Bauakte: Seite 56, 66, 88, 167, 171

Stadtkarte Wiesbaden, Ausgabe 1985:
Seite 39

Stadtkarte Wiesbaden: Seite 184

Seite 26, 60, 61, 62, 104, 105
aus: Das neue Wiesbaden 1962,
S.19, 31, 72, 59, 48

Seite 32
aus: Bauwelt 1951, Heft 11, S. 45

Seite 47
aus: Das Beispiel – BDA Gruppe Wiesbaden, Darmstadt 1957, S. 111

Seite 129
aus: Der Luisenplatz in Wiesbaden,
hrsg. von E. Emig, D. Knopp, H. Steinbach,
Wiesbaden 1985, S. 48

Seite 158
aus: Staatlicher Hochbau in Wiesbaden

Biographien

Fotograf:

Matthias Langer
geboren 1965 in Arnsberg (Westfalen)
Ausbildung zum Fotograf beim ZDF
derzeit tätig als Fotograf
mit Schwerpunkt Architektur

Autoren:

Thomas Dilger
geboren 1952 in Stade/Elbe
1971 Abitur in Osnabrück
1972–77 Architekturstudium TU/Hannover
1977–78 angestellt im Architektenbüro
1978–80 Referendariat/Bauassessor
1981–84 Bauamtsleiter Lennestadt
1984–89 techn. Beigeordneter der Stadt Wesel
seit 1990 Stadtentwicklungsdezernent
der Landeshauptstadt Wiesbaden

Paulgerd Jesberg
geboren 1924 in Solingen
Regierungsbaumeister, Baudirektor a. D.
Studium der Architektur an der TH Dresden
und TH Stuttgart

Berufliche Tätigkeiten:
Beamter des höheren technischen
Verwaltungsdienstes in Stuttgart
Vorstand des Staatlichen Hochbauamtes
in Ludwigsburg
Technischer Referent der Landeshauptstadt
Wiesbaden
heute Fachbuchautor und freier Journalist
für Architektur und Ingenieurbau
Literaturpreisträger des Verbandes Deutscher
Architekten und Ingenieurvereine – DAI –

Jutta Kießler
geboren in Darmstadt
Studium der Innenarchitektur an der
FH Wiesbaden
seit 1993 eigene Planungsgruppe „Leben
im Raum", freie Mitarbeit in verschiedenen
Architektur- und Planungsbüros

Ulrich Kießler
geboren 1962
Architekturstudium an der TU Berlin
z. Zt. im Diplom an der TH Darmstadt

Stefan Metz
geboren 1960 in Berlin
1981–1987 Studium an der TU Berlin
1991–1995 Planungsreferent im
Stadtentwicklungsdezernat der Landeshauptstadt Wiesbaden
verschiedene Veröffentlichungen zur Stadt-
entwicklungsgeschichte Berlins
seit 1995 Stadtentwicklungsdezernent
in Dreieich

Architektur und Städtebau in Wiesbaden nach 1945

Ein Architekturführer

Impressum

Herausgeber:
Thomas Dilger
Stadtentwicklungsdezernent der
Landeshauptstadt Wiesbaden

Redaktionelle Gesamtleitung:
Stefan Metz

Gestaltung:
Thomas Hoch,
Mitarbeit:
Petra Weitz
ggmbh, Heidelberg

Repro:
Repro Service, Heidelberg

Druck:
Brausdruck GmbH, Heidelberg

Buchbinder:
IVB, Heppenheim

© Edition Braus, Heidelberg

ISBN 3-89466-157-7

1. Auflage Dezember 1995

Abbildungen Titelseite:

Niederlassung Ferrari,
Foto: Matthias Langer, Mainz

Hintergrund:
Ausschnitt aus Rahmenplanung Hainweg
Entwurf: Christine Halfmann, 1994